一冊の本をあなたに

3・11絵本プロジェクトいわての物語

歌代幸子

絵本を大切に思うすべての人へ

目次

序章

『ちびくろ・さんぼ』を抱えた男の子

まばゆい陽ざしに照らされた保育園の庭には、大輪のひまわりが首を垂れていた。園内では裸足で廊下を駆け回る子どもたちの声が響く。

ホールへ入ると、すでに年長の園児たちが並んで座り、「おはなし会」を待ちかねていた。

「今日は、盛岡から絵本をいっぱい積んできてくれました」

園長先生の紹介で、「3・11絵本プロジェクトいわて」のメンバーが前に立って挨拶する。

「私たちが乗ってきたのは『えほんカー』といいます。みんなに好きな本を車から選んで、おうちに持って帰ってもらいたいと思います。いっぱい、いっぱい持ってきたので、二冊でもいいですよ！」

すると、「イエーィ！」と歓声をあげる子がいて、保育士の先生たちも目を細める。

大船渡市三陸町にある市立綾里子ども園。二〇一二年九月、一年半ぶりに「えほんカー」で訪れたメンバーは、園からリクエストされた大型絵本を届けた。

「今日のおはなしは、みなさんの命を守る本です」

地震が来たらどうしたらいいの？……と、安全の大切さを教える園長先生のおはなしに静かに聞き入る園児たち。それが終わると、一人ずつ自分の通園バッグを提げ、勇んで園庭へ飛び出していった。

初めて見る「えほんカー」は、真っ白なボディーがぴかぴか光り、荷台の両脇が羽のように開いている。三段並ぶ本棚には、色とりどりの絵本がびっしり並んでいた。

ぱっと手に取っていく子もいれば、どれにしようと迷いながら、先生のエプロンにしがみつく子もいる。一歳児の「りす」と「ひよこ」組から始まり、四歳、五歳と年長組になるほど、お気に入りの絵本に人気が集まる。「わーっ、『ミッケ!』」と誰かが騒ぐと、「おれ、がまんする」とうつむく男の子。なかなか決まらない子には、「これ、お勧めだよ」と先生も助け船を出す。

「園長先生、なんでこれ大好きなの?」

「うーん、とっても優しいおじさんたちのおはなしなの」

手にしたのは、『すてきな三にんぐみ』。園児のみならず、長年、読み聞かせをしてきた保育士たちにも好きな本はたくさんある。

「先生たちも素敵な本がいっぱいあるので、選んでください!」

園児を見守っていた先生たちも嬉しそうに探し始める。その一人が「あっ、私への贈り物かな」と胸に抱えたのは、エメラルドグリーンに輝く海の写真集だった。

「しばらく海は敬遠していたけれど、まもなく二〇歳になる息子にプレゼントしたくて」

前年、三陸町を襲った津波で近隣は壊滅し、高三だった息子は卒業後に青森の弘前へ行った。それから離れて暮らす息子に、せめて二〇歳の記念となるものを贈りたい。そんな母としての願いがあった。

「小さいときからずっと絵本を贈ってきたの……」

二〇一一年三月一一日、東北地方を襲った東日本大震災は津波による甚大な被害をもたらした。死者・行方不明者は約一万九〇〇〇人にのぼり、尊い命が刻々と奪われていった。

住み慣れた家や街を流され、避難生活を余儀なくされた沿岸部の人たち。そこで遊び場を失くし、身も心も竦んでいる子どもたちの「生きる糧となれば」と、岩手県盛岡市で立ち上ったのが「3・11絵本プロジェクトいわて」である。

八幡平市在住の児童図書編集者、末盛千枝子の呼びかけにより、心ある有志・団体がつどってプロジェクトを発足。盛岡市中央公民館を拠点に絵本を集め、被災地の子どもたちに届けてきた。同年九月末までに、全国から二三万冊を超える絵本が届き、二〇一三年一月現在までに延べ四六〇〇人以上のボランティアが開梱や仕分けなど地道な作業に携わった。

国内のみならず、IBBY（国際児童図書評議会）という世界七四カ国が加盟する子どもの本に関わる人たちの組織からも支援があり、そのホームページでも世界中に紹介されている。プロジェクトに寄せられた支援金や助成金をもとに、特別にデザインした移動図書館車「えほんカー」を六台製作。小型の愛らしい車が被災地の子どもたちに絵本を届けるために走り回っている。

宮古、釜石、陸前高田をはじめとする沿岸部の保育所や小学校など、すでに届けた絵本は一〇万二四〇冊、二七五カ所にのぼる。さらに仕分けが済んだ本は、津波で流された学校図書館や町の図書館が再開したときのため、公民館内や郊外の学校の空き教室などに保管されている。地元の人々による細やかなネットワークで成り立っているプロジェクトだ。

日本全国から絵本を送ってくれた人たちの温かな思い。そして、絵本を届けたときの子どもたちの笑顔が、今なお、プロジェクトの活動を続ける力になっている。

行く先々でさまざまな出会いがあったが、代表をつとめる末盛千枝子にとって、ことに忘れがたい子どもの姿がある。それは、大船渡市三陸町にある市立綾里保育所（現・綾里こども園）を初めて訪ねたときだった。

かつて三陸町には三つの保育所があったが、その二つは津波で流され、高台にあった綾里保育所だけが被害を免れた。それでも遠方から押し寄せてくる津波が見えたときは、危険を感じて園児を避難させたという。建物は無事だったが、保育士も市の職員として避難所の手伝いにまわり、再開の目途はなかなか立たなかった。

園児の中には自宅を流された子も多く、慣れぬ避難所生活で心安まるときはない。家は残っても、辺りは瓦礫におおわれ、風が吹くと車の破片や家の断熱材が飛び散る恐れがあって、外で遊べない子たちがいる。子どもも親もストレスがたまり、その様子を案じた地元の歯科医が、絵本プロジェクトに来園を頼んだのである。

震災から一カ月過ぎた四月一六日。保育所へ向かう道の両脇には、打ち上げられた漁船や漂流物が山積みになっていた。急な坂を登りきった高台に綾里保育所がある。「絵本の読み聞かせ隊がやってくる」と知って、ホールに集まったのは九〇人の親子。皆が顔を合わせたのは震災以来初めてで、この日は職員たちも顔を揃えた。

読み聞かせ隊のメンバーが『はらぺこあおむし』を読み始めると、子どもたちは身を乗り出していく。チョコレートケーキ、アイスクリーム、ピクルス、チーズ、サラミ、ぺろぺろキャンディー……と、あおむしが食べ続けると、「おなかが痛くなるよ！」と目を輝かせ、いっせいに歓声があがった。

当日、保育所へ届けた絵本は四〇〇冊。読み聞かせの後、「好きな本を持っていっていいよ」と声をかけると、子どもたちはワーッと駆け寄った。『きかんしゃトーマス』、『かいじゅうたちのいるところ』など、大好きな絵本をさっと選んでいく。だが、一人だけ、いつまでも、いつまでも、自分の好きな本を探し続けている男の子がいた。

もし、見つからなかったらどうしよう……。その姿を見守っていた末盛は『しょうぼうじどうしゃじぷた』などを指さし、「これはどう？」とあれこれ勧めてみる。だが、男の子は、「ちがう、ちがう」と首を振るばかり。ついに最後に取り出したのは、『ちびくろ・さんぼ』。男の子は「これだ！」と声をあげると、にっこり笑い、大切そうに抱きしめて帰っていった。

こうして子どもたちの手に絵本を届け続けてきた「3・11絵本プロジェクトいわて」。それを支える人たちが紡ぐ物語の一ページは、小さな心の声から始まった……。

第1章

子どもたちの心に絵本を届けたい

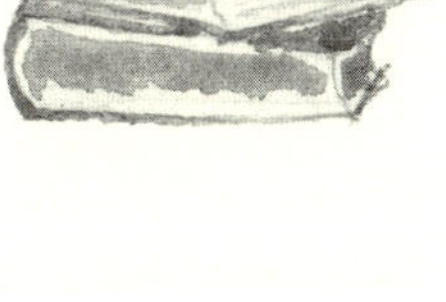

かなたに岩手山をいだき、その麓には若苗に彩られた田畑がつらなる。木立では淡い萌黄色の葉がそよぎ、庭先に赤や黄のチューリップがたわわに咲いている。

岩手県の八幡平、末盛千枝子がこの地へ移り住んだのは、二〇一〇年五月初め。東北にもようやく春が訪れ、薄紅の桜から若葉の季節へと変わりゆくころだった。

赤レンガの切妻屋根に白壁が映える建物。それは十数年前、両親が建てた別荘である。岩手で生まれ育った彫刻家の父、舟越保武は、岩手山を見はらす風景をこよなく愛し、晩年、ここをアトリエとしてデッサンに明け暮れた。その父が逝き、母の道子も亡くした後、末盛は住む人もないこの家で暮らしたいと願う。妹や弟たちに話すと、快く賛成してくれたのだった。

六〇代の終わり、末盛は児童書出版の仕事にもひと区切りをつけ、夫と長男と三人で岩手へ移住することを決めたのである。

「これから私も老いていくし、何が待っているかわからない。先のことを考えれば不安はあるけれど、予測を越えて良いこともあるかもしれない。だから、あれこれ考えないで、あとはもうお任せするという思いでした」

長年、住み慣れた東京を離れ、岩手での生活が始まった。八〇歳を過ぎた夫は二年前に脳溢血で倒れ、回復してもリハビリは欠かせない。長男も二〇代半ばで脊髄損傷によって車椅子の生活を余儀なくされ、末盛は夫と息子の世話を担ってきた。それでもこの地では信頼できる病院のスタッフと出会い、手厚く世話をしてもらえるようになった。夫は八幡平の暮らしをすっかり気に入って、リハビリに励んでいる。車で送り迎えする合間、一人で盛岡の美術館を訪ねたり、教会で過ごすひと時もできた。

「とても穏やかな時間が流れていたのです」

夏には熟れたトマトやナス、キュウリなど採れたての野菜が隣人から届く。やがて稲穂が黄金色に染まり、畑仕事にいそしむ農夫らの姿は、さながらブリューゲルの絵を思わせた。まもなく山里は白銀のキャンバスとなり、しんしんと雪降る夜は三人で暖炉を囲んだ。

二〇一一年、新たな暦が明け、雛祭りを過ぎた頃から雪どけの気配を感じ始める。日増しに陽ざしも春めいていくなか、末盛はかつて経験のない凄まじい揺れに襲われた。

三月一一日、午後二時四六分。夫は寝室でベッドに横たわり、息子も自室で車椅子に座っていた。二人の身が気掛かりでも、激しく揺さぶられるような衝撃で立ってなどいられない。居間でうずくまっていた末盛は、ようやく揺れがおさまると、家族のもとへ駆けつけて無事を確かめた。

台所では食器棚から崩れ落ちた器が割れており、まず飛び散った破片を片付け始める。テレビやラジオはつかず、電話もつながらない。一度だけ東京にいる次男からの携帯電話が通じて、関東でもひどい地震があったことを知る。それきり携帯はつながらなくなり、度々、襲われる余震に脅えた。

「何か、とてつもなく大変な事が起こったということだけはわかったけれど……」

電気とガスは不通になり、水道も断水した。ヒーターを使えないため、暖炉に薪をくべ続け、夫と息子とともに身を寄せ合うしかなかった。だが、二度目の大きな余震で煙突が壊れてしまい、やむなく遠方のスーパーまで車を走らせた。停電で暗闇となった店内は混乱し、店員に頼んで七輪を探してもらう。冷え込む晩も七輪でどうにか暖をとり、その火に鍋をかけて米を炊いた。

ふと、どこかにラジオ付きの電池時計があったことを思い出し、探して点けてみると、岩手のローカル放送が流れた。「〇〇中学校の生徒は〇〇へ集合」などと緊迫した声で避難を呼びかけている。そのうち東京の友人たちから安否を気遣う電話が入り始めた。口々に聞かされたのは、想像を絶するような津波の被害だった。

沿岸のガスタンクが流されて、海が燃えている。自動車も流され、逃げきれない人たちが津波に飲まれていく。三陸の海岸部では町もすべて壊滅し……電話で知らされた状況は凄惨で、それまで情報も断たれていただけに胸が震える。さらに数日後、電気が復旧し、テレビで初めて惨状を見たときは呆然とするばかりだった。

その瞬間、頭をよぎったのは亡き両親のこと。もし、父が郷里の惨状を知ったら、いかに心痛めたことだろう。

後に末盛は、盛岡に住む従兄から「明治二九年の三陸大津波で曾祖父の弟家族が田老町で一家全滅し、そのお墓が盛岡市内の寺にある」のだと聞かされた。それは初めて聞く家族の歴史であり、なおのこと郷里への思いがつのる。

「両親が、彼らの愛する土地を襲った地震や津波のことを知らずにすんで、本当に良かったと思ったのです」

盛岡で育まれたもの

幼いころの記憶をたどると、岩手で過ごした日々が懐かしくよみがえる。一九四五年六月、末盛は一家で親類の家へ疎開し、四歳から一〇歳までの六年間を盛岡で暮らした。

終戦直後はものが無い時代ゆえ、冬になっても長靴は手に入らず、大雪でも下駄を履いて学校へ通った。それでも下駄の裏に金具を付けた下駄スケートで雪道を滑りながら、おつかいに出かけるのは楽しかった。春になれば、土手の草地につながれているヤギと遊び、小川でオタマジャクシを見つける。畦道を通ると、田んぼでは一株一株きれいに苗が植えられていく光景をあきず眺めていた。夏は北上川の上流にある湧き水で水遊びをする。晩に家を訪ねてきた伯父が、田んぼで見つけた蛍を持ってきて、蚊帳の中に放してくれたこともあった。

小学四年の頃、遠足で姫神山へ行った。その麓には、郷土の詩人、石川啄木の歌碑がある。

やはらかに柳あをめる　北上の岸辺目に見ゆ　泣けとごとくに

その歌を読んだとき、〝なんて美しいのだろう〟と心に刻まれた。

疎開中、父親は近所の石工店で仕事場を借り、制作を続けていた。父の舟越保武は岩手県二戸郡に生まれ、盛岡中学校時代に高村光太郎が訳した『ロダンの言葉』を読んで、彫刻家を志したという。東京美術学校（現・東京藝術大学）の彫刻科で学び、練馬のアトリエ長屋で制作を続ける。当時、文化学院に通っていた坂井道子と出会い、結婚した。

長女が誕生したときには、面識もない高村のアトリエをいきなり訪ね、「彫刻家になろうと思っている者ですが、娘が生まれたので、名前を付けていただきたい」と頼んだ。すると、高村は「女の名前は『智恵子』しか思い浮かばないけれど、字まで同じにして不幸な人生になっては困るから、字だけ変えました」と言い、「千枝子」と名づけられたのだと両親から聞かされていた。その頃、高村も岩手の花巻へ移り住み、盛岡へ出てくる折には父とともに出迎えたものだった。

盛岡では千枝子、苗子、茉莉の三人姉妹に次いで、長男が生まれた。だが、その子はわずか八カ月で急性肺炎を患い、治療の術もないまま亡くなった。子ども心にも、「人は一瞬の別れ道で死んでしまうのだ」と思い知らされたという末盛。小さなお棺を水仙とレンギョウの花で埋め尽くし、父はその子の思い出となるようにと幼子の清らかな顔をパステルで描いていた。

そして、二年後のクリスマス。父はすでに東京へ働きに出ていたが、盛岡へ帰った折にカトリック教会で家族そろって洗礼を受けた。娘たちは母が編んでくれたピンクのセーターに、真っ赤なビロードの吊りスカートを着て、ミサの洗礼式に出たのである。その頃、長女の千枝子は「聖処女」という洋画を見ていた。フランスのルルドという地でマリア様がベルナデッタという少女のもとへ現れたことがあり、その恵みを受けた少女の生涯を描いた映画。とても心惹かれたことから、「ベルナデッタ」というクリスチャンネームを授けてもらった。

翌年、一家は疎開先の盛岡から、東京へ転居。この年、次男の桂が誕生し、三男の直木、四女のカンナと家族も増えていった。父が頼まれてつくる大理石の婦人像は銀座の画廊などで売れたが、八人家族の生活はたえず苦しかった。その頃から父は教会のキリスト像やマリア像などを多く手がけ、四年半かけて制作したのが〈長崎二六殉教者記念像〉である。

殉教者が歩いた最後の行程を自ら歩き、二六人の一人一人が最もその人らしいと納得できるまで、何度も壊しては、またつくり直す。アトリエで像と起居をともにし、合間に描いたデッサンなどを母が売りに出かけた。作家生命を賭け、貧苦に耐えて制作を続ける父。若き日、俳人として名をはせた母の道子だけがその苦悩を受けとめていた。

やがて東京芸術大の教授となった父は、らい患者を救うことに身を捧げた〈ダミアン神父〉や、静謐な美しさをたたえる〈聖ベロニカ〉などの代表作をつくるが、七〇代半ばで脳梗塞に倒れた。右半身不随となっても、入院中から左手でデッサンを描き始める。その後、晩年にいたるまで骨身を削るごとく彫刻の制作に打ち込む父を、母もまた支え続けた。

そんな両親の姿を通して、教えられたことがあった。

「人として生きるうえで、どのようなことを美しいと思うか。それは父と母から確かに伝えられたように思うのです」

末盛が生きる道を見出したのは、「絵本」の世界であった。

彫刻家の父のもとへは、よく美術書の編集者たちが出入りしていた。絵本やアートブックを手がける至光社の社長は、父のデッサンを借りに訪れるたび、外国の美しい絵本を見せてくれる。至光社は戦後六〇年代後半から欧米に輸出している唯一の出版社で、国内では世界の絵本の原画展を丸善で開催していた。

慶應義塾大学卒業後、至光社へ入社した末盛は、ちょうど始まった海外版の粗訳から制作まで一人で任される。フランクフルトのブックフェアへ出かけ、興味をもってくれた出版社と交渉をする。その後、ロンドンやニューヨークを回り、アポイントメントを取っておいた小さな出版社で新刊の売り込みもした。

当時は日本の女性が仕事で海外へ行くことなど稀な時代だけに、ロンドンの街角を歩いているだけで人目を惹いた。ニューヨーク郊外まで、一人、四、五時間バスに揺られて出版社を訪ねたこともあった。

行く先々で出会うのは、出版社で活躍する優秀な女性編集者たちだった。アメリカではベビーブームの到来で絵本が爆発的に売れており、多くの名著を世に送り出していたマーガレット・マッケルダリーと知り合う。『なかよし』『ねえさんといもうと』などの絵本作家でもあるシャーロット・ゾロトウは、「今年は何を見せてくれるの?」と待ちかね、末盛は英文のテキストを持参すると、絵本を読み聞かせていた。

「まさに女性としての人生の見本のような素敵な人たち」に憧れたという末盛。

そうした編集者や作家たちとの出会いがかけがえのない財産となり、後に末盛は「すえもりブックス」を立ち上げる。翻訳絵本や児童書の出版を手がけるなかで、深く関わってきたのがIBBY(国際児童図書評議会)だった。

イエラ・レップマンとの出会い

三月一一日の大震災後、ようやく電気が復旧し、パソコンを使えるようになると、世界中の友人たちからメールが届き始めた。

「おまえは大丈夫か」

「自分たちに何かできることはないか」

日本の子どもたちを真っ先に案じてくれたのは、IBBY(国際児童図書評議会)で知り合った仲間たちだった。

ＩＢＢＹとは、ヨーロッパ、北・南米、アフリカ、中東、アジアなど世界七四カ国が加盟する、子どもの本に関わる人たちのネットワークである。一九五一年に設立され、その活動はユダヤ人の女性ジャーナリスト、イェラ・レップマンの勇気ある呼びかけから始まった。

イェラ・レップマンは、一八九一年、工場主であるユダヤ人の父と母のもと、三姉妹の次女として、ドイツのシュトゥットガルトに生まれた。地元の王立学校とスイスの寄宿学校で教育を受け、一七歳にして、タバコ工場で働く外国人労働者の子どもたちのために国際読書室を開いた。

第一次大戦直前、レップマン商会の経営者であるドイツ系アメリカ人の男性と結婚し、娘と息子を授かった。ところが、夫は大戦中に負った傷がもとで、息子の誕生直後に亡くなる。イェラ・レップマンは三一歳で戦争未亡人となり、二人の子どもを育てるため、ジャーナリストの道を歩み始めたのである。

第二次大戦が勃発すると、ドイツではヒトラーが台頭し、ユダヤ人迫害の危機にさらされる。新聞記者の職を失ったレップマンは友人たちの説得により、ロンドンへ亡命。終戦後、米軍から依頼されて、九年ぶりに祖国へ帰ることになる。五四歳のときだった。

イェラ・レップマンの自伝『子どもの本は世界の架け橋』は、彼女が軍用機でロンドンからフランクフルトへ向かうところから始まる。アメリカ軍司令部へ派遣されたレップマンに託されたのは、敗戦国であるドイツの女性と子どもの文化や教育の問題に取り組むこと。街を視察するなかで目にしたのは、難民であふれかえり、家を失って困窮する人々。親を亡くし、壊れた家や地下壕など廃虚のなかで身を寄せ合う子どもの姿だった。

食べるものや援助物資は連合軍から支援されても、子どもたちにとって「精神の糧」となるものがない。戦時下のドイツではヒトラーによって本も焼き捨てられていた。レップマンはさまざまな国の最良の子どもの本の展覧会を提案し、世界二〇カ国に向けて、「ドイツの子どもたちに本を送ってください」と手紙を出したのである。

ある朝、最初の返事がフランスから届き、それから数週間、数カ月の間に続々と援助を約束する手紙が来た。ことに小国ノルウェーからの手紙には胸を打たれたという。

ノルウェーの子どもの本は戦争の犠牲になりました。出版社にさえ本がありません。そこで、直接子どもたちに頼んで本棚から本を探してもらうというおもしろいことをやってみました。

同じような手紙が、アンネ・フランクの国オランダからも届き、デンマーク、イタリア、イギリス、スイス……と十九カ国が無条件に賛成してくれる。だが、一カ国だけが断わってきた。

私たちは二度もドイツに侵略されました。申し訳ありませんが、お断りいたします。

ベルギーからそんな手紙が届いたときのことを、レップマンはこう回想する。

この手紙は、もう春の息吹の感じられる二月のある夕べに届きました。このような決定をどうして甘んじて受けることができましょう？　一ヵ国たりとも見物人であってはならないのです。私はすぐに新しい手紙を書きました。

「今回のご決定を、ご再考くださるようお願いいたします。ドイツの子どもたちに新しいチャンスを与えるこの試みは、まさに貴国を必要としているのです。ドイツの新しい世代を共に育て、貴国の皆さまが、三度目の侵略を恐れる必要はないと、彼らが保証するようにすることは、とくに貴国の利益にかなうことではないのでしょうか？」

ベルギーは、私を失望させませんでした。彼らが送ってきた本は、展覧会でも最上の部類に入るものでした。

こうして各国から子どもの本が寄せられ、翌一九四六年七月、国際児童図書展がミュンヘンで開幕した。毎朝、大人から幼児まで長蛇の列をなし、子どもたちの顔は輝いている。『こねこのぴっち』『ぞうのババール』『もじゃもじゃペーター』……と思い思いに手をふれ、キスする姿が愛おしく、レップマンはベルリンでも一二月に展覧会を開いた。

その初日、小さな女の子が訪れ、サンタクロースとトナカイのソリが描かれた踊り場にやってくると、深く息を吸い込む。そして、「これが平和ね……これが平和ね」と噛みしめるように言うのだった。

戦争で傷ついた子どもたちのために、レップマンはさらなる後援者をつのり、ミュンヘンに「国際児童図書館」を開館した。世界各国の児童書、絵本が揃い、子どもたちの学びを促す場にしていく。子どもの本による外国語の習得、人形劇、絵画アトリエ、さらに、第一回子ども国際連合も開かれた。

それから四年後、一九五一年にはスイスのチューリッヒを拠点にIBBY（国際児童図書評議会）を設立。子どもの本をつくり、子どもに本を手渡すまでのさまざまな役割を担う人たちのネットワークを目指す。子どもの本の作者や画家を対象とする「国際アンデルセン賞」も創設。レップマンはさらにレバノン、イランなど中近東を訪れ、子どもの本による国際理解の大切さを訴え続ける。貧困や闘争地域の子どもたちに本を届ける人たちを支援する活動も行ってきた。

絵本編集者への道

IBBYの創立者、イェラ・レップマンの軌跡をたどるとき、それは末盛千枝子の人生とも重なり合うことに気づく。末盛もまた、夫との死別を経て、二人の息子を育てながら、「子どもの本」と深く関わる道を歩むことになったのである。

至光社に八年勤めた後、末盛は結婚して家庭に入った。夫の末盛憲彦はNHKのディレクターで、人気バラエティー番組「夢であいましょう」などの演出を手がけて多忙を極めていた。それでも家族を慈しむ優しさにあふれ、息子たちをこよなく愛していた。どんなに疲れて帰っても、せがまれては絵本を読み聞かせ、出張先からもまめに手紙が届く。そんな夫に異変が起きたのは、結婚一一年目のときだった。

ある八月の晩、猛暑のなかで番組収録を終えて帰宅した夫は、自分の好きなレコードをかけて原稿を書いている妻に「あれ、聴いてるのね」と嬉しそうな顔を見せた。翌朝、いつになく疲れている様子を案じ、「会社、休んだら?」と勧めると、「打ち合わせがあるから」と支度を始める。だが、部屋を出た途端、廊下で大きな物音がし、慌てて駆けつけると、彼はうつぶせに倒れていた。救急車が到着したときには、もはや間に合わなかった。

四二歳にして夫に先立たれ、二人の息子はまだ八歳と六歳だった。通夜の後、父の保武は孫たちにこんな手紙を書いていた。

たけひこくん
はるひこくん
パパは　しんだとき　すぐ　てんごくの　うつくしいそらにとんでいった
だから　あの　くろい　はこの　おかんのなかには　パパは　いない
あをい　そらの　てんごくにいるのです。(……)

あをい　そらの　うえから、たけひこ　はるひこが
げんきで　あそんで　いるのをよろこんで　みています。たけとはるが
なくと　パパは　たのしくないから、おりこうで　いて　ください。

一カ月ほど経つと、長男は台所で洗い物をしている母の傍へ来て、「パパが気持ち悪いといったとき、もっと早く救急車を呼んでいれば良かったね」と言う。次男も教会の日曜学校から帰るなり、「イエスさまは、死んでもまた生きかえったんだよね」と聞いてくる。末盛も突然の死を受けとめられず、毎日、夫の好きなレコードを聴き続け、彼のセーターを着ては泣いていた。自分を責める思いにも苛まれるが、愛する二人の子どもたちが残されている。

「夫が死んだことは究極の悲しみでした。でも、これから先も困難なことがあるかもしれないけれど、その度に乗り越える力を与えられるに違いないと思ったのです」

折しも、出版社の「ジー・シー・プレス」から絵本の編集を任された末盛は、最初に五冊の絵本をつくった。その一冊は、亡き夫と息子たちに捧げる『パパにはともだちがたくさんいた』。妹のカンナと手がけた『あさ One morning』は、ボローニャ国際児童図書展グランプリを受賞したのである。

一九八八年には「すえもりブックス」を設立。その社名には夫の末盛憲彦が遺した仕事へのオマージュを込めた。

「人を幸せにしたいという願い。そして、自分が美しいと思えるものを人に伝えていくこと。その松明を渡されたような思いがありました」

自分が信じる何かのために働くことの素晴らしさを伝える、M・B・ゴフスタインの『ゴールディのお人形』や『ピアノ調律師』。アメリカの絵本界で愛され続けてきたタシャ・チューダーの『すばらしい季節』……末盛が手がける作品は、子どものみならず、大人たちにも絵本への扉を開いた。

さらに、まど・みちおの詩を、皇后美智子様が英訳された『THE ANIMALS「どうぶつたち」』は国際アンデルセン賞を受賞。九八年にはインドのニューデリーで開かれるIBBY世界大会で、皇后様がビデオを通して基調講演された。そうした作品を経て、末盛もIBBYと長く関わることになっていく。二〇〇二年から四年間にわたり、IBBYの国際理事をつとめた。

人生に大切なことは絵本から教わった

ようやく夫の死を乗り越え、絵本編集者として歩んできた末盛は、その間に人生の変転も経ている。

五〇代初め、かつて大学時代に教えを受けた哲学者の古田暁と再会する。当時、彼は再生不良性貧血で瀕死の状態にあり、家族とも別離していた。末盛は病床で献身的に支えた後、ともに生きることを決めた。

さらに訪れた試練は、長男の命を脅かすほどの大怪我だった。好きで始めたタッチフットボールの競技中、激しく衝突した際に折れた肋骨が肺の動脈に刺さって出血多量の重体となる。一〇時間に及ぶ手術で一命は取りとめたが、意識が戻っても、胸から下はぴくりとも動かない。二六歳で脊髄を損傷した長男は「一生歩けない」ことを告げられた。

〝なぜ、これほどの苦しみを〟と身を切られるようでも、本人は弱音を吐かず、ひたむきにリハビリに励んでいた。その姿を見ていると、「『あれがなければ……』とは口に出せなかった。そのことで与えられたものもすごくあると思うから」と回想する。

二〇一〇年三月、末盛は『人生に大切なことはすべて絵本から教わった』を出版した。絵本を通して出会った人々や家族への思い、悲しみや喜びもまじえ、自身の人生を飾らぬ言葉で綴った本である。

それから二カ月後、家族三人で岩手へ移り住んだ末盛は、更なる人生の一歩を踏み出そうとする。だが、その矢先に待ち受けていたのが東日本大震災の惨禍だ。すぐに世界中にいるIBBYの仲間たちから、「何かできることはないか」とメールが届く。IBBYは困難のなかで子どもたちに本を渡そうとする人々を支援している。そこで脳裏に浮かんだのは、レバノンなどで活動に携わった友人たちの話だった。

「戦火の下で、あるいは災害のとき、怯える子どもたちは誰かの膝の上で絵本を読んでもらうときだけホッとしていたと。そうした経験談を聞くことが多かったのです。その仲間たちが、今度は日本を心配して、私にメールをくれました」

息子たちが幼い頃、末盛もよく膝の上で絵本を読み聞かせていた。その中でも心に残るのは『フレデリック』だ。

長い冬にそなえ、野ねずみたちはとうもろこしや小麦、藁などをせっせと集め始める。ただ、フレデリックだけは、寒くて暗い冬のために「おひさまのひかり」や「いろ」、「ことば」を集めていた。やがて冬が訪れ、雪が降ると、石垣の中にいる野ねずみたちは食べ物も尽き、凍えきって、おしゃべりする気にもなれない。そのとき、フレデリックは「きみたちに　おひさまをあげよう」と言う。そして、美しい色や言葉で語りながら、仲間たちを勇気づけるのだった。

「ならば、今度は自分の出番になったのだと心の声が告げていたのです」

震災で怯える子どもたちに絵本を送りたい――。末盛はその思いをメールに綴り、岩手で知り合った人たちに呼びかけたのである。

第2章

絵本プロジェクトは公民館から始まった

みなさん

本当に大変な状況になりました。私どもは、ちょうど三人とも家にいるときでしたので、数日停電や、断水で不便はいたしましたが、お隣のお百姓さんが、お野菜をくださったりして、無事に過ごしております。

実はＪＢＢＹ会長（元ＩＢＢＹ会長）の島多代さんのところに、各国から、『何かしたいが、何ができるか』と問い合わせが殺到しているようです。これまでも、各国で何かあった時には、小さな子どもたちを励ますのに、一番効果的なことが、子どもを膝に乗せて本を読んでやるということだったという経験があり、ＩＢＢＹでは、「Children in Crisis」ということを大きな活動の一つにしてきております。世界中の友人たちが、何かさせてほしいと待っておりますが、あまりに見当はずれなことでもいけないということで、まず、私が岩手県のみなさまに伺うことになりました。ＩＢＢＹの方で、絵本を買う資金は調達してくれると思いますし、ＪＢＢＹ（日本国際児童図書評議会）を通して、読み聞かせの人員は集められるかと思います。先程もＮＨＫのニュースで、被災地で、子どもたちに絵本の読み聞かせをしてほしいという要望があると言っておりました。東京にいる次男春彦と若者たちも、できることは何でもすると言っておりますので、どうぞよろしくお願いいたします。

私自身は、あまり動けませんが、メールや電話で、いろいろと、みなさんを繋ぐことはできると思いますので、どうぞ使ってください。私の曽祖父の弟一家が明治二九年の津波の時に田老町で全員亡くなったということを、この度従兄から聞きました。私がこの時に岩手にいることも、何か摂理のように思います。

二〇一一年三月一九日の昼過ぎ、盛岡市中央公民館に勤める赤沢千鶴のもとへ、末盛千枝子からメールが届いた。

二人の出会いは、前年秋のことだった。赤沢はかねてより末盛の仕事に惹かれ、『人生に大切なことはすべて絵本から教わった』が出たときはすぐに読んでいた。岩手日報の記者を通じて、末盛が八幡平へ移り住むことを知り、その秋に初めて末盛と会った。

赤沢は盛岡で講演会をしてほしいと思い立ち、一二月に市立図書館での開催を企画する。七〇席の定員で告知したところ、わずか二〇分で予約は満席となり、一〇〇人以上に断わりを入れた。末盛の講演は好評で、翌年二月には中央公民館で「父・舟越保武を語る」と題する講演会を開催。当日は三〇〇人ほど集まる盛況となった。

それから一カ月後、盛岡市内も震度五強の地震に見舞われた。

古い建築物や塀などは損壊したが、幸い公民館はほとんど被害がなかった。震災直後から避難所に指定され、沿岸部からの被災者を受け入れる。その対応もようやく一段落ついた頃、末盛から呼びかけのメッセージが届く。公民館で主幹兼館長補佐をつとめる赤沢は駆り立てられる思いで、ただちに職員全員へ転送した。

「皆で何ができるかを一緒に考えましょうと。すると、隣にいた館長が、『一緒にやろう！』と快諾してくれたのです」

公民館が果たす役割

桜花舞う季節を過ぎると、園内は新緑とツツジに彩られ、梅雨どきはアヤメと菖蒲が咲きそう。晩秋には、ひときわ燃えるような紅葉に包まれるのだった。

盛岡市中央公民館は、旧盛岡藩主であった南部伯爵家の別邸が残る跡地に建ち、約二万平方米という日本一広い敷地を誇る。明治四一（一九〇八）年に建造された別邸は、東京駅などを設計した盛岡出身の建築家・葛西萬司が手がけ、入母屋の大きな玄関屋根が張り出し、洋風の趣を配した建物である。回遊式の日本庭園には、薄紅のスイレンを抱く広大な池があり、南部家顧問であった原敬の茶室や土蔵もひっそり佇んでいた。

館長の坂田裕一が着任したのは二〇一〇年春、ちょうど震災の一年前だった。就任後、坂田は館内の郷土資料展示室をリニューアルし、より市民と結びついた文化活動の拠点をつくろうと動き始めた。

「文化というのは市民の暮らしと切り離すことができない。だから、ともに文化をつくりながら、ここで暮らしたいと思えるような街づくりを目指してきました」

坂田にとって、「公民館」との関わりは二〇数年前にさかのぼる。一九九〇年に盛岡市が建設した盛岡劇場は、河南公民館との併設施設としてオープンした。もともと東京での大学時代から演劇を続けてきた坂田は、市の職員としてその運営を任された。

「公民館とは、地域における『社会教育』の場であり、劇場とは『芸術』を創造する場である。私は公民館に併設する劇場ということを活かし、そこでものをつくり、人や文化を育てる事業を始めたのです」

もとは大正二年、市民の手によって築かれた芝居小屋「盛岡劇場」があった。日本初の洋式建築である東京帝国劇場が開場してから二年後、ルネッサンス様式の旧劇場が誕生した。昭和五八年に解体され、その跡地に建てられた新「盛岡劇場」では、戦後、市民に親しまれた盛岡文士劇を復活させる。黒テントや結城座など、盛岡ゆかりの劇団や演劇人による公演を行うほか、市民参加による「盛岡劇場創作舞台公演」を始めた。

さらに併設された公民館では、演劇のワークショップや「こんにちはママさん」という子育て支援の講座などを開催する。こうした地域と連携した取り組みは全国でも先駆けとして注目された。

盛岡劇場の運営に六年間携わった後、坂田は観光課へ異動。伝統芸能を継承する人たちと関わりながら、盛岡の観光推進に尽力する。その後、文化による街の活性化を担う事業に携わり、街並みの保存活動も手がけた。そして、二〇一〇年に中央公民館の館長に就任したのである。

中央公民館は、盛岡市内すべての公民館をまとめる役割も担う。それまで地域文化の橋渡し役をつとめてきた坂田が目指したのは、市民と公民館が協働する事業だ。しかし、その計画が動き始めた矢先、震災によって状況は大きく変わってしまった。

「実は震災直後、いくつかショックなことがあって……」

三月一一日、外出先で巨大な地震に襲われた坂田は、揺れがおさまると、急いで公民館へ戻った。館内では利用者の避難誘導を終え、職員は施設の点検中だった。当初、中央公民館は避難所に指定されていなかったので、保安要員を残し、夜七時過ぎに帰路についた。

あたりは停電で暗闇となり、信号機も消えている。やがて岩手大学の近くを通りかかると、非常灯がともる上田公民館があり、思わず立ち寄った。すると、館内は避難してきた学生や近隣の住民であふれかえっている。坂田はまた家路を急ぐと、自宅の中は散乱した物でひどい有様となり、妻と両親はロウソクの灯のもとで心細げに身を寄せていた。

家族の無事に安堵すると、もう一度、途中で立ち寄った公民館へ引き返した。そこはさらに二〇〇人以上の避難者でごった返し、館長は市役所本部と連絡が取れないと憤っている。その光景を見ながら、坂田の胸には忸怩たる思いがあったという。

「なんで上田公民館にあれだけ人が集まっているのに、うちの公民館には来なかったんだろう。ひょっとしたら、中央公民館は地域の人に支持されてないんじゃないかと思ったのです」

たとえ避難所になっていなくとも、館長たる自分が家に帰ったことを悔いる気持ちも湧いてくる。まして追い打ちをかけるような知らせがあった。その夜遅く、ようやく東京で働いている次男からの携帯電話がつながった。

「お父さん、大変だよ。陸前高田が全滅だ」

「えっ、何、言ってんだよ……」

ラジオで津波が来たことは聞いていても、どれほどの被害かはまるで見当もつかなかった。それだけに、息子の言葉に息を呑んだ。

陸前高田は、一〇代半ばの三年間を過ごした町である。中三の春、父の転勤で盛岡から転居し、最後の中学生活を送った。卒業後は盛岡の高校へ進学するが、夏や冬休みには陸前高田へ帰省した。中学時代の仲間たちがたくさんいて、親友もできた。ほのかな初恋の思い出もある。

〝あいつはどうしてるのか。いや、もうダメだろうか……。〟次々に友人たちの顔が浮かび、胸が締めつけられるようだった。

翌朝、公民館へ行くと、「これからどんどん津波の被災者が来るだろうから、とにかく受け入れよう」と職員に伝える。その日のうちに避難所に指定され、宮古、釜石市など沿岸部から逃れてきた人たちが訪れた。

二日後、停電が復旧すると、初めてテレビで津波の映像を目にした。陸前高田の惨状のみならず、廃墟となった各地の光景が映し出される。盛岡は沿岸被災地支援の中継基地となり、連日、自衛隊や警察の車両が行き交い、たえずヘリコプターの爆音が轟いていた。

一週間もすると、館内はほとんど平常業務に戻ったが、市内でもガソリン不足や余震が続き、利用のキャンセルが相次いだ。

「その頃から、何か自分たちにできることはないかと考え始めたのです」

そんな渦中にあった三月一九日、末盛から赤沢のもとへメールが届く。それは絵本による支援活動の呼びかけで、坂田は赤沢から相談を受けると、迷いなく決断した。

絵本プロジェクトの誕生

「とにかく自分たちに何ができるかということをずっと考えてきました。今、振り返ると、ただ、ひたすら走りながら突き進んでいったような気がしますね」

末盛からのメールをきっかけに、赤沢は迅速に動き始めた。

　まず、名古屋の友人にもメールを転送すると、すぐ返事があった。その友人は名古屋市男女平等参画推進センター長をつとめ、全国の女性センターに幅広いネットワークをもっている。赤沢はかつて女性施策を担当していた時代からの知り合いで、彼女に相談すると、「プロジェクトの名前を決めて、企画書をつくりなさい」とアドバイスされた。活動を立ち上げるには、助成金などの申請で趣意書も必要となる。赤沢はそうした実績がある館長の坂田に作成を頼んだ。

　肝心のプロジェクト名は、「何をなす団体かわかりやすいネーミングがいい」と助言され、末盛や坂田と相談した末、「3・11絵本プロジェクトいわて」と名づける。最後の「いわて」には、「自分たちはここで名乗りをあげる」という確かな意思を込めた。

　一方、送られてきた本を集める場所の確保も急務だった。赤沢がかつて勤務していた「もりおか女性センター」を訪ねると、内閣府の要請を受けて、衣類などの支援物資を大量に預かっているという。女性センターの別館は使用されていないと聞き、とりあえず本の受け入れ先として置かせてもらうことにした。しかし、まだ誰がどのように整理するかという目途は立たず、いずれは場所を移さなければならない。そんな思案をしていると、館長の坂田からこう勧められた。

「中央公民館に集めたらいいんじゃない？　どうせ、部屋が空いてるんだから」

　前年秋に郷土資料展示室は閉鎖して、蔵の資料も七月オープン予定の「もりおか歴史文化館」に移管されていた。そのため展示室の空きスペースで作業をし、蔵にも収納できるのではという提案だった。坂田は教育委員会へ出向いて、「公民館を使いたい」と相談し、その場で教育長らの了解を得た。

三月末で退任する教育長は絵本プロジェクトの趣旨を聞くと、「ご苦労だが、がんばって」と応援してくれるが、ふと洩らしたことがある。二〇〇四年の中越地震の際も本が集まったが、「半分は使えね、っていう話を聞いたな」と。それは本が集まりすぎて大変になるという忠告かと思ったが、坂田の頭に浮かぶのはせいぜい数千冊ほどのもの。むしろ、そんなに集まるだろうか……と気掛かりだった。

それでもプロジェクトの「名前」と「場所」が決まると、東京にいる末盛の次男春彦からロゴのデザインが送られてきた。春彦から話を聞いていた友人のデザイナー、井口創がいち早くつくってくれたものだ。「子どもたちに絵本を届けたい」というシンプルな願いが、開かれた本の中から素直に伝わってくるようなデザインだった。

それまで春彦は母に代わり、東京のＪＢＢＹ（日本国際児童図書評議会）で活動の打診をしてきたが、合議ではなかなか動かないこともわかる。その間、迅速に準備を進めてきたプロジェクトがついに盛岡でスタートする。立ち上げのメンバーは、末盛千枝子と館長の坂田裕一、赤沢千鶴、そして、春彦の四人。

三月二四日、いよいよ絵本プロジェクトの呼びかけが始まった。

被災地で見た惨状

「絵本を送ってください」という呼びかけとともに、もう一つ、大きな課題が残されていた。「集まった本をどうやって被災地へ届けたらいいのか。盛岡にいても、現地の様子はぜんぜん分からなかったのです」

ある夜、赤沢は名古屋の友人が書いているブログを見て、災害復興支援チームで活躍する女性が盛岡に来ていることを知った。兵庫県の西宮に住む人で、阪神淡路大震災を経てボランティア活動に携わり、中越地震の際にはチームを率いて現地へ入っていた。その女性が中央共同募金会から岩手県へ派遣されていることがわかり、翌朝、赤沢はすぐ県庁へ電話して、居所を尋ねた。

県の社会福祉協議会に詰めている本人に連絡すると、まさに多忙を極めていたが、夜一〇時過ぎならどうにか時間を取れるという。三月二三日の晩、赤沢は館長の坂田を誘い、女性センターの職員らとともに盛岡駅前の居酒屋で会った。

そこで被災地の状況を聞くと、赤沢は「本を届けるためにはどういう方法があるか」と相談してみた。すると、「とにかく一度、現地へ行ってみることだ」と勧められる。何より被災地の現状を見なければ、活動も進められない。早急に現地へ行こうと決まり、赤沢はその予定を末盛にも伝えた。末盛は次男の春彦に連絡し、彼も同行することになったのである。

三月二七日の早朝、公民館に集まった坂田と赤沢、春彦の三人は女性センターの職員の運転で宮古市へ向かった。盛岡から北上高地を越える山野はそろそろ雪も消え、芽吹きの頃を迎えようとしていた。

だが、沿岸部へさしかかる辺りから風景は一変していく。ここまで津波が来たのかと目を疑うような漂流物の山。宮古市では陸地の斜面を駆けあがる津波の高さが四〇メートル近くに達し、倒壊家屋も県内で最も多かったという。

やがて市街へ入ると、赤沢は呆然とするばかりだった。

「商店街の中に船が乗りあげ、長靴を履いた人たちがようやく出始めた水で壊れた家屋のドロを掻き出している。テレビや新聞が報じる断ち切れた映像ではなく、どこまでも果てしなく流されてしまった町の残骸を見て、心がどんどん重くなりました」

宮古では坂田の演劇仲間に案内してもらい、津波で被災した保育園を訪ねた。園舎はすべて流されたが、新たに建設中だったところを下見して、近隣の保育園の情報も聞かせてもらった。

次に、釜石市まで足を伸ばした。震災後、新日鉄釜石製鉄所から駅舎のある町の中心部は水没し、多くの車が津波にのまれたと聞く。避難所となった公民館を訪ねると、向かいの体育館は遺体安置所になっていた。公民館は遺体を確認に来た人の休憩場所にもなっており、職員が待機していた。

ちょうど図書館の館長と係長が居合わせ、その館長も自宅を流されて、避難所生活をしているという。図書館の再開は見通しも立っていなかったが、「本を届ける活動をしたいのだけれど」と相談すると、「本はとても大切だから」と喜んでくれたことが励みとなった。

被災地で見たのは想像を絶するような光景で、実際に本を届けることの困難もあらためて肝に銘じた。まだボランティアをつのるところまで手は回らなかったが、最初に名乗り出てくれたのが、NPO法人「いわてアートサポートセンター」だった。

演劇、音楽、美術など、さまざまな文化関係のメンバーによって組織され、坂田が副理事長をつとめている。震災直後から仲間で集まり、自分たちにできることは何かと考えてきた。折しも、東京で地域文化振興に携わる長男から電話があり、支援活動を始めたいと打診された。そうした動きがあることを仲間に伝えると、岩手でも文化支援活動のネットワークをつくろうと話し合った。

「誰もが、今はまだ文化による支援の段階ではないと思っていた。ならば、『俺たちにできることからやろう』と、本を届けるための運転手をする人が何人か出てきたり、初めて宮古へ行った日に道案内してくれたのもうちの仲間だった。メンバーの一人が宮古にいて、被災した保育園まで連れて行ってくれました。演劇人の強みは、芝居は一人ではできないと知っていること。意見の違う者同士が一つのものをつくっていく作業だから、喧嘩もするけれど、皆の力がまとまらなければ何も生まれないことを知っているのです」

坂田の心に残るのは、阪神淡路大震災の翌年、神戸で開催されたアートフォーラムに参加したときのことだった。被災地のコミュニティーを再生するには、演劇や音楽、美術を通した心のケアが大きな力となる。ことに、親を亡くし、家を失った子どもたちにとっては、新たに生きる勇気を取り戻すために欠かせないことを実感していた。

自分にできることから始めた

震災から二週間後、中央公民館を拠点にプロジェクトがスタートすると、少しずつ本が集まり始めた。児童文学者や料亭の女将など、地元でなじみの人たちが、五冊、一〇冊と持ってきてくれる。末盛も友人たちから送られたものや手元にある絵本を持ち込んだ。

館内では展示室の床にゴザを敷き、坂田と末盛の二人で一冊ずつ並べていく。末盛は懐かしい絵本を見つけては手に取り、坂田も息子たちが幼い頃を思い出す。子育ては妻に任せきりでも、宮沢賢治の詩や童話だけは自分で読み聞かせていた。

『注文の多い料理店』『風の又三郎』『グスコーブドリの伝記』……そして、盛岡ゆかりの賢治作品の中でも、未完成のまま終わったのが『銀河鉄道の夜』である。

孤独で寂しがりの少年ジョバンニは友人カムパネルラと銀河鉄道を旅しながら、「ほんとうの幸せ」とはなんだろうと考える。

哀れな鳥捕りのためには、〈自分があの光る天の川の河原《かわら》に立って百年つづけて立って鳥をとってやってもいい〉と思い、氷山にぶつかって沈んだ船で遭難した人に会えば、〈ぼくはそのひと

おはよう
FOREST

のさいわいのためにいったいどうしたらいいのだろう〉とふさぎ込む。悲しいさそりの運命を聞けば、〈あのさそりのようにほんとうにみんなの幸のためならば僕のからだなんか百ぺん灼《や》いてもかまわない〉とまで言う。

けれども、〈ほんとうのさいわいは一体何だろう〉と惑い続けた旅の終わり、ジョバンニはカムパネルラにこう話すのだった。

僕もうあんな大きな暗《やみ》の中だってこわくない。きっとみんなのほんとうのさいわいをさがしに行く。どこまでもどこまでも僕たち一緒に進んで行こう。

こうして岩手で育まれた自然や文化を愛する人たちの手で動き出した「3・11絵本プロジェクトいわて」。それも震災で傷ついた子どもたちのため、「自分にできることはなんだろう」と問い続ける仲間たちの声から始まっている。

だが、その呼びかけが、思いがけず日本中の人たちの心に届くことになる。

三月三〇日、中央公民館の玄関に宅急便のトラックが到着し、配送の人たちが次々にダンボール箱を降ろし始めていく。二台、三台と続き、たちまち館内には二〇〇ほどの箱が積まれた。それがすべて「3・11絵本プロジェクトいわて」宛だったのである。

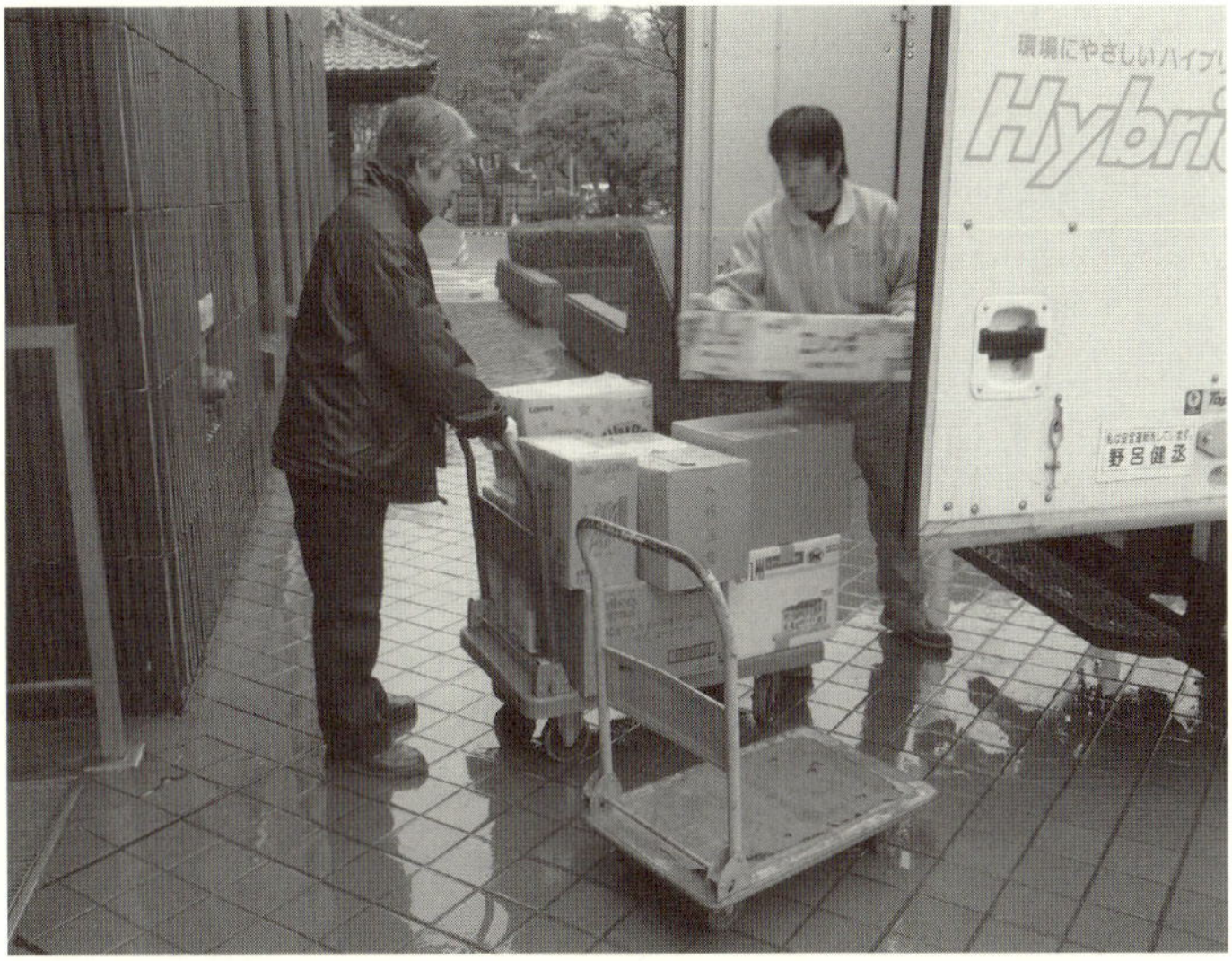
環境にやさしいハイブリ
Hybri
野呂健丞

第3章

一通のメールから広がる絵本の輪

木漏れ陽がさし込む小さな図書室の書架には、数冊の絵本が並ぶ。『すばらしい季節』『ピアノ調律師』『ゴールディーのお人形』『フランチェスコ』『小さな曲芸師バーナビー』……。末盛千枝子が「すえもりブックス」から出版した珠玉の作品だ。

東京・代官山の旧山手通り沿いにあるヒルサイドテラス。その一隅に「ヒルサイドライブラリー」ができた二〇〇八年春、末盛が絵本について語るセミナーシリーズもスタートした。一年間にわたるセミナーは好評を博し、講演録をまとめた『人生に大切なことはすべて絵本から教わった』が出版される。その編集を手がけたアートフロントギャラリーの前田礼は、そこで出会った絵本の世界を回想する。

「絵本にはさまざまな可能性があることを実感しました。絵本は子どもが一番最初にふれる本であり、親から子へ伝えたいことの原点となるもの。そして、文学と美術の世界をあわせもつ絵本は、人として生きていく力になるのだと。だからこそ、被災地の子どもたちに届けたいというプロジェクトが実を結び、そこへ本を送った人たちもその可能性に惹かれたのでしょう」

代官山にいる前田のもとへ、末盛から電話があったのは三月二三日。震災直後から連絡も取れず、岩手で家族三人きりで暮らす末盛を案じていた。無事の知らせにほっと胸を撫でおろすが、いつになく切羽詰まったような声で末盛の話は続く。「被災地の子どもに絵本を届けたいけれど、東京の人たちは会議ばかりでなかなか動かない。だから、セミナーへ来てくださった方たちに声をかけてくれないか」という相談だった。

「わかりました」と即答すると、前田はまず呼びかけのメッセージを書いてほしいと頼む。「そうね、それがいいわ」と末盛は答え、その日、深夜にメールを送ってきた。

クラブヒルサイドの「人生に大切なことはすべて絵本から教わった」というセミナーで皆さまと共有した時間は実に楽しいものでした。そして、それを同名の本にしていただいたのですから、本当に嬉しく有り難いことでした。

実は私は昨年の五月に、家族とともに父の故郷である岩手に引越しました。岩手山を望む田園生活に感謝して暮らし、難しい障害を負った長男も、この地に来て初めて手厚く診て頂いております。ところが、この三月一一日に、本当に恐ろしい地震が起きました。私どものところは内陸部ですので、数日停電したり、断水した程度でした。最初はラジオだけの情報でしたが、やがてテレビを見られるようになって、その惨状の凄まじさに言葉を失いました。その中で私自身の曾祖父の弟も、その昔、田老町の郵便局長だったそうですが、明治二九年の三陸大津波で一家全部が亡くなったと、家族の歴史を今回初めて聞きました。

そして、長年にわたるＩＢＢＹの活動を通して、戦火にさらされた子どもたちが誰かの膝に乗せてもらって、絵本を読んでもらうときだけ、おだやかな気持ちを取り戻せるということを知りました。それは、各地で起こる災害のときも同じでした。このようなことを見聞きしてきた自分が、いまこの岩手の地におり、みなさんによくして頂いていることの不思議さを思い、私のできることを考えました。それで絵本を集めて、避難所の子どもたちに読み聞かせをすることができないかと考えました。幸い、こちらでも行政や、新聞の人たち、絵本関係の人たちとの関係の輪が大きく広がっております。

そんなわけで、いまみなさまにお願いしたいのは、新しくなくてもよいので、絵本を送って頂きたいということです。窓口を一本にするために、とりあえずクラブヒルサイド宛に絵本を送ってください。私自身は二人の病人を抱えておりますので、自分では動けませんが、人と人を繋ぐことをしたいと思います。送って頂いた本をまとめて、岩手の窓口（いまのところは岩手日報を考えております）に送り、ボランティアの人たちにそれを持って現地に行ってもらえるようにしたいと思います。今は、現地に入ることはとても難しいようですが、私の気持ちとしては一刻を争うと思っております、こちらの人たちのアドバイスでは、現地に入る支援活動の車に便乗するなどのゲリラ的な方法がいちばん現実的で手っ取り早いということです。

そんなわけですので、どうぞ絵本を送ってください。お願いいたします。幸い、東京におります次男夫婦やその友達もなんとしても手伝いたいと現地入りして手伝うことを熱心に希望してくれております。彼らには、まず、私の手持ちの絵本を持っていってもらいたいと思っております。

どうぞよろしくお願いいたします。

末盛千枝子

翌日にはプロジェクト名が決まり、盛岡の中央公民館を絵本の送り先にするという連絡が入る。前田はただちにクラブヒルサイドのスタッフとともに「すえもりブックス」の顧客とセミナーの参加者、関わりのある美術関係者や建築家、新聞社や出版社のプレス担当者など、一五〇〇人以上に末盛のメッセージを送った。

声をかけてくれてありがとう

代官山のヒルサイドテラスは、建築家・槇文彦によって、一九六九年から三〇年以上の歳月をかけて築かれてきた。ヒルサイドテラスを拠点に、代官山の街並みがつくられ、建築・美術・音楽を軸とした多様な文化活動が展開されている。さらに地域、世代、ジャンルを超えた人たちをゆるやかにつなぐ場として誕生したのが「クラブヒルサイド」。そのコーディネーターをつとめる前田は最初の企画として、「絵本」のセミナーを発案した。

かつて代官山は「大人の街」として知られてきたが、緑豊かで閑静な街並みゆえか、いつしかベビーカーを押した母親が多く訪れるようになった。そうした子育て中の女性たちに向け、何か文化的な出会いの場をつくれないかと考えたのである。

もともと絵本が好きで、子育てのときはよく読み聞かせていた。「すえもりブックス」の絵本は何冊か読んでおり、長年、末盛が書いている「心のともしび」というラジオ番組のウェブにも共感できる思いがあった。「絵本をめぐるお話をしていただきたい」と末盛を訪ねたのは、二〇〇八年一月のこと。二人で話すうち、次々にテーマが湧いてきた。

『すばらしい季節』を描いたタシャ・チューダーとの出会い、『即興詩人』の旅をめぐる安野光雅の世界、世界最古のアレキサンドリア図書館とは……。こうして始まったセミナーは好評で、毎回、キャンセル待ちが出るほどの人気となった。当初半年の予定だったが、一年にわたって開催されることになる。もとは育児中の母親向けに企画したものの、参加者の多くは子育てを一段落した女性たちだった。

「絵本は子どものための本という固定観念を越えて、家族の幸せや女性の生き方など、人生にまつわる奥深いお話でした。ことに海外で絵本の出版に関わる編集者や作家との交流が面白く、絵本から広がる大人たちの世界がとても魅力的だった。子育てを終えた女性たちも、もう一度、絵本に出会えたような感動があったのです」

末盛が絵本や子どもの本で重要だと考えるのは、〈絶対的に、ハッピーエンド、あるいは完全なハッピーエンドではないにしても、きちんと希望がある〉ということ。

アメリカの絵本作家、シャーロット・ゾロトウの『なかよし』には、どこか張り合っていても、互いにわかり合える男の子のほのぼのとした友情が描かれる。『おとうさん』では、お父さんのいない少年がお母さんを相手に、「僕にお父さんがいたら、……してくれるよ」と理想の姿を話し続ける。それを聞いているお母さんは「あんたが言っているお父さんというのは、私も本当に好きだわ。それだったら、自分がお父さんになったときにそういうお父さんになったらどう？」と未来ある息子に問うのだった。

末盛自身も生きる糧としてきた数々の本を紹介しながら、こんな思いを語っていた。

子どものときに、そういういいもの、ハッピーエンド、あるいは、将来に希望をつなぐものに会っていれば、大人になってからでもかなりなことに耐えていけると思うのです。それはたぶん子どものころの刷り込みだと思います。満ち足りた状態だけが幸せなことではなくて、いろんなことに出会っても希望を失わないでいける、人を愛していける、そういうことが幸せで

はないかと思うのです

幼少の盛岡での疎開生活、両親や妹、弟たちの思い出、子育ての日々や亡き夫への追憶……自身の体験も織り交ぜて語られたセミナーに感銘を受け、前田は一冊の本にまとめようと思う。二〇一〇年三月、『人生に大切なことはすべて絵本から教わった』を出版。その頃、末盛はまた大きな人生の岐路に立っていたのである。

「実は岩手へ行こうと思うの」

出版記念会の直前、末盛から詫びるように明かされた。その年一月、末盛の母、舟越道子が九三歳で永眠した。道子も若き日は俳人として名を馳せたが、彫刻家の道を歩む夫を支えるために自身の道を断念。七人の子を育てあげ、晩年はまた句作を始めていた。そんな母に読んでもらいたいと願っていた本の準備中、母が他界する。その後、両親が遺した八幡平の別荘へ移り住むことを決めたという。

折しも、出版不況のあおりを受け、「すえもりブックス」の経営が厳しいことも末盛から聞いていた。会社を手放すことはやむなく、前田も惜しまれてならなかったが、いずれ復刊することを見据えながら、岩手へ向かう末盛を見送ったのだった。

それでも父の郷里である盛岡では温かく迎えられ、岩手日報では大きく報じられた。講演や取材の依頼が増え、岩手での生活にも馴染んでいく。その矢先、東北地方を巨大な地震が襲ったのである。

「しばらくは大変な状況を案じて連絡も控えていたので、お電話をいただけて本当に嬉しかった。子どもに絵本を届けるという提案も素晴らしく、このためにこそ、『クラブヒルサイド』をやっていて良かったと思えたのです」

末盛からのメッセージを転送するや、前田のもとへ次々に返信が届く。

女性誌の編集者など、本に携わる人たちが動いて、子どもが通う保育園の保護者会に呼びかけてくれた。フリー・プロデューサーや横浜市長室、フランス大使館、ルクセンブルク貿易投資事務所、武蔵野美術大学校友会などで働くさまざまな人たちから「本を送ります」という返事。建築家の伊東豊雄や生命科学者の中村桂子からもすぐ連絡があった。

一週間後、絵本プロジェクトのホームページが立ち上がると、テレビやラジオの番組で紹介したいという依頼が相次いだ。クラブヒルサイドの会員である女優の竹下景子は自身のホームページで呼びかけ、ジュンク堂書店で絵本コーナーを担当する女性からも、「何かお手伝いがあれば」と申し出がある。寄せられる声の中には「すえもりブックス」の愛読者が多かった。

「あのときは誰もが、『声をかけてくれてありがとう』という思いでした」

前田もまた震災直後から、〝何かできないか〟というもどかしさを抱えていた。

母親の郷里は福島県の大熊町。幼い頃は夏休みになると母の実家で過ごし、野山や川で遊んだ懐かしい思い出の地だ。相馬市から浪江町にいたる相双地区には親戚が多く住んでいた。しかし、震災翌日から原発事故による緊急避難を余儀なくされ、安否が気掛かりでならなかった。当時、県庁の災害対策本部にいた従弟は南相馬合同庁舎に勤め、会津若松の仮設住宅と往復する日々。帰宅の目途が立たぬ親族の生活を憂えてきた。

「震災を経て、それまでとは比べものにならないくらい、福島、東北と自分とのつながりを深く強く意識するようになりました。では、〝何をしたらいいんだろう〟と考えても、何から手をつけていいかわからなかった。だからこそ、末盛さんから連絡があったときは心からありがたいと思ったのです」

自宅でも子どもたちと岩手へ絵本を送ろうということになった。三人で本棚を見ながら、「この本は楽しくていいね」「これは悲しすぎるからダメだよ」と話し合う。高三の娘は『フレデリック』や『スイミー』を、小五の息子は『バムとケロ』や『ウォーリーをさがせ！』など、美しい本、楽しくて元気になるものを選び、悲しくなるお話や汚れた本は送らないと決めていた。

「絵本を手にして過ごすのは久しぶりで、子どもに読み聞かせていた時間も、一瞬、ふっと思い出される。そのときに被災地の子どもたちへの想いも強く湧いてきたのです。これを読んでもらえたら嬉しいなと……」

被災地で子どもたちが抱えるストレス

末盛が送った一通のメールは、なおも反響を巻き起こすことになる。きっかけは、二〇一一年三月二八日付で日本経済新聞の夕刊に掲載された記事だった。

子供たちに絵本を
編集者ら、全国に呼びかけ

東日本大震災で被災した子供たちの心を癒そうと、全国から絵本を集める活動が盛岡市で始まった。代表者の絵本編集者、末盛千枝子さん（70）は「世界の被災地や戦災地で絵本が子供の心を癒した実例がある。被災地に絵本を送ってほしい」と呼びかけている。

絵本集めを始めたのは「3・11絵本プロジェクトいわて」。盛岡市中央公民館の協力を得て、同館に本を集積し、各避難所に絵本を届ける。メンバー数人の人脈を頼って寄贈を依頼している段階だが、すでに何冊かの絵本が集まり始めている。

大きな災害があった際、小さな子供は事情をよく理解できないまま大きなショックを受ける。親の不安が伝わり、ストレスを感じるケースもある。とりわけ避難所での生活は周囲に気兼ねして静かにするように強いられるなど、子供には厳しい環境になる。……

新聞各紙で被災地の惨状が報じられるなか、いち早く子どもたちの状況に着目し、プロジェクトの意義を報じたのは、日本経済新聞社編集局社会部の編集委員、井上亮だった。

「末盛さんとはもう、二〇年来のつきあいになるでしょうか」

最初の出会いは、一九九二年に宮内庁担当となった頃。その年、皇后様がまど・みちおの詩を英訳された『どうぶつたち』が出版され、編集を手がけた末盛を取材した。

「それから東京の事務所へもちょくちょく顔を出すようになり、雑談で皇后様のお話を聞いたり、映画の話をしたり。宮内庁担当を離れてからも年に一、二回は訪ねていて、よく絵本も送ってもらっていました。ちょうどうちの子も小さかったので、お礼もかねて、お菓子を持ってお邪魔して……」

一〇年ほど事件記者などを担当した後、新潟の長岡支局へ転勤。二〇〇六年から再び宮内庁担当となり、両陛下のご成婚五〇年特集記事では初めて皇后様への想いを語る末盛のインタビューを取りあげる。皇后様の初の講演録『橋をかける—子供時代の読書の思い出—』は世界各国で翻訳され、編集者としての仕事にも信頼を寄せていた。

だが、その頃から会社の存続が厳しいことも耳にするようになり、あるとき、末盛から岩手への移住を知らされた。手紙やメールを送っては近況を案じていたが、なかなか訪ねる機会もないまま、震災の一報が入ったのである。

三月一一日、井上は宮内庁の記者クラブで巨大な揺れに襲われた。夕方、大手町の本社ビルへ戻ると、若い記者はすでに現場へ向かっていたが、皇室の動きを把握するため待機する。数日後から警察庁が二四時間体制で発表する行方不明者のデータの対応に追われ、夕方から夜半過ぎまで警察庁に詰めていた。

岩手にいる末盛の安否も気掛かりで、一三日にはメールを送っていた。

末盛さま　内陸なのでご無事かと思いますが、大丈夫でしょうか。未曾有の災害に両陛下も大変なご心痛かと思います。

すると、すぐ返信があって安堵する。

大丈夫です。ご心配ありがとうございます。

そして、三月二四日、末盛から届いたのが絵本プロジェクトを立ち上げるというメール。もし興味があったら、記者の方に取材してほしいという旨も添えられていた。

「そこで現場にいる連中にこの話を伝えることを考えたけれど、たぶん伝えてもやらないだろうと思ったんです。津波被害の取材で忙しい状況もあるけれど、新聞記者は人から貰ったネタは取材しない。だから、自分が書くしかないと」

井上のなかでは、末盛が目指す活動への確信もあったという。かつて新潟の長岡支局へ赴任していたとき、二〇〇四年の中越地震を経験した。避難所にいる子どもたちには、精神的なストレスから心身症のような症状が出てくる。発熱や嘔吐を繰り返したり、夜中に突然叫び出す。余震の恐怖で一時間ごとに目が覚め、眠れないと訴える。大きな建物に入るのを怖がる子もいた。そうした子どもたちの心をケアするため、絵本の読み聞かせをするＮＰＯの人たちがいて、かなり効果があったことを知っていたのだ。

井上はさっそく末盛に電話取材すると、自分で記事をまとめる。そこでは中越地震での経験も交えて、絵本の必要性を伝えることを心がけた。夕刊はニュースが少ないので、社会部のデスクには大きな扱いにしてほしいと頼んだが、最終的に記事の分量も三分の一ほど削られ、紙面の端のほうに掲載された。

「それでも夕刊は全国で一六〇万部発行しているから、一〇〇〇人に一人が絵本を送ってくれたら、一六〇〇冊になる。末盛さんとは『それくらい集まればいいですね』と話していたんです」

ところが、思いがけず反響は大きかった。記事が出て二日後、盛岡の中央公民館には宅急便のトラックが次々到着する。二〇〇以上のダンボール箱が届き、たちまち七〇〇〇冊を超えたという。「大変なことになってるのよ」と驚く末盛からの電話を受け、井上も「えっ」と耳を疑うほどだった。

その後、岩手日報はじめ産経新聞、朝日新聞などで報じられ、四月末には一〇万冊を超えた。最初のきっかけをつくったのは日経新聞だったが、ふだんなら見過ごされそうな小さな記

Vana H
0123
WORK
5
21
マリ
53

事である。それがこれほどの反響となったことを、井上はこう振り返る。

「被災地のために何かしたいけれど、何もできなくて悶々としている人が多かったと思う。現地へボランティアに行くことまではできず、日常の生活範囲で何かできることはないかと。現地の状況がよくわからず、やたらに支援物資を送ったら、迷惑になるともいわれる。そんなときに〝これなら自分にもできる〟と心動かされたのでしょう」

震災直後、報道の現場にいた記者たちも、「何を伝えられるか」と使命にかられる思いはあっただろう。東北の被災地はあまりに広域におよび、死者・行方不明者の数は刻々と変わる。さらに原発事故も重なって、情報の収集は混乱を極めていた。現地の惨状が明らかになっていくほどに、マスコミが伝えるべきことも問われていく。

井上もこれまで過去二度にわたる震災の現場で経てきた鮮烈な体験があった。

一九九五年の阪神淡路大震災。当時、霞ヶ関の労働省を担当していた井上は、社会部のキャップからただちに現地へ入るよう命じられた。名古屋まで動いていた新幹線に乗り、近鉄で伊勢・奈良を経由して大阪へ。伊丹まで行くと、そこから自転車で神戸へ向かった。もともと大阪出身で大学時代は神戸で過ごしていた。だが、慣れ親しんだ街並みは変わり果て、亀裂の入った道路で転倒しながらも街中を走り回った。

「現場で怒られたことがあるんです」と苦笑する井上。

火災で焼け落ちた長田の菅原市場を訪ねると、女の人が何かを懸命に拾っている。近づいて見ると、白い破片をお皿に集めていた。おそらく、父親の遺骨を探して拾っているようだった。「ふと、戦時中の空襲はこんな光景だったのだろうかと思った。また違う現場へ行くと、おばあさんが焼け跡の整理をしており、『空襲と地震とどちらが恐ろしいですか』と聞いてしまったのです。自分では地震だと思っていたけれど、『戦争に決まってるだろう』と冷やかに言われた。戦争の恐ろしさを目の前で突きつけられるようでした」

壮絶な体験をした人たちだけが知る恐怖や苦悩。被災者の心情を、身をもって経験したのは長岡へ赴任中の中越地震だった。

震災後、地元でよく言われたことがある。

「連日、テレビ局が入ってきても、衝撃的な場面ばかり何度も映される。それが風評被害につながり、これから観光などで復興しようとしても逆効果になる。マスコミというのは被災地の足を引っ張ることばかりやってるじゃないかと……」

確かにマイナス面はあっても、現場の惨状が伝えられることで全国から支援物資が集まってくる。しかし、時を経るほどに地元の人たちが欲するものは変わっていく。井上は被災地に身を置きながら、「取材者」として地に足のついた情報を報じることに徹した。そのなかで避難所にいる子どもが抱えるストレスの問題を知り、絵本がもたらす効果を耳にしていたのである。

「だから、絵本プロジェクトの活動を聞いたときも、『それは絶対にいい』と末盛さんに言ったんです。たかが絵本ではなく、『重要な支援物資ですよ』と」

人と人がつながり合うこと

国内のみならず、末盛が送ったメールは海外の友人たちの心にも灯火をつけた。震災から一カ月を経て、スイスから「チョコレート」を携えて支援に駆けつけた女性がいた。チューリッヒ在住のフグラー美和子である。

二人の出会いは二〇年ほど前にさかのぼる。フグラーにとって、皇后様は聖心女子学院時代の大先輩にあたる。当時、皇后様の英訳によってまど・みちおの詩集『どうぶつたち』が出版され、フグラーは末盛の仕事を知った。二〇〇二年には、皇后様がスイスのバーゼルで開かれたＩＢＢＹ世界大会に出席され、フグラー夫妻が公式アテンダントとして付き添った。同行した末盛もそうした縁を経て、フグラーと親交が続いていたのである。

「スイスで震災の映像を見たときは、とても怖ろしく、なんだか息ができないほどでした。本当に不思議なもので、東京にいるより、日本を離れている者の方がいっそう心配もつのる。自分の国を外から見ていると、もっと深刻な状況が見えることもあるのです。もう居ても立ってもいられなくなり、今でも泣き出したくなるくらいショックだった。何とかしなきゃいけないと思っても、何もできなくて……」

スイス人の夫と暮らして四〇数年。その間、年に一、二度は帰国し、三人の娘は日本の小学校で学ばせた。震災当時、三女は東京で観光ガイドの勉強をしており、ちょうど九段会館で卒業式の最中に地震に遭い、天井が崩落する現場に居合わせていた。その後、スイスへ戻った娘とともに、東北の被災地へ慰問に行こうと思い立つ。そのときすぐ頭に浮かんだのは「チョコレート」だった。

「スイスには軍隊があって、男子は一八歳から兵役につきますが、彼らは必ずチョコレートを持っていくんです。それはただ甘いだけじゃなく、本当に力が出るのだと。訓練では重い武器を背負い、食べ物も与えられずに、三〇キロ歩かせられる。その際に分厚いチョコレートを持っていき、休むときに食べるとまたエネルギーが湧いてくる。だから、チョコレートが一番いいと思ったのです」

スイスにはチョコレート工場が多く、リンツ社に注文すると、板チョコ二十数キロを買い求めた。さらに三月半ばころから街はキリストの復活を祝うイースター（復活祭）に向けてにぎわい、チョコレートの名店では「イースター・バニー」といわれるウサギをかたどったチョコレートがつくられる。多産のウサギは生命の象徴とされ、躍動感ある姿が愛されている。「子どもたちに少しでも夢をもたせてあげたい」と願ったフグラーは、ウサギ型のチョコレートも買って、壊れないように包んだ。

四月の終わり、三〇キロのチョコレートをダンボール二箱に詰めると、カートに積んで引っ張りながら、空港へ。娘と二人で日本へ発ち、東京で末盛の次男、春彦と待ち合わせると、夜行バスで盛岡へ向かった。

八幡平にある末盛の家へ行くと、壁には亀裂が入り、暖炉の煙突もひどく壊れている。部屋の時計は「二時四六分」で止まっていた。

「せっかくあの地でゆっくり暮らそうと思われていたのに、ご自分も大変な思いをされて。それでも本当に一所懸命やっていらっしゃいましたね」

公民館では山積みになったダンボール箱を開梱し、膨大な数の本を仕分けする作業が行われている。ボランティアの女性たちにチョコレートを差し入れ、仕分け作業も手伝った。

さらに坂田らに同行し、車で訪れたのが陸前高田の町だった。避難所を回ると、あちこちで坂田の知人に会い、津波にさらわれたときの生々しい体験を初めて聞くことになる。

ある老舗の店主は、コンクリート造の店の建物はかろうじて残ったものの、家財のすべてを流された。再建を見据え、行政に建物の審査を頼んでも、東京から来た人たちの心ない調査の仕方に怒りを覚えているという。また、家族は無事だったが、勤めていた市役所で、多くの仲間が津波にのまれて亡くなったという男性もいた。震災後、被害状況を確認するため方々を車で走っていると、三キロくらい先で故人の遺品が見つかることがある。町を案内してくれた坂田の友人から「祭りの太鼓が流されて」と聞いたとき、フグラーは実家にあった太鼓を思い出し、「もし叩けたら、送るから」と約束した。東京へ戻るとさっそく太鼓を送り、後に当人が鉢巻き姿で叩いている写真が送られてきたのだった。

「たとえ個人の想いは小さくても、こうして人と人がつながっていく。そして、皆さんは『また来てください』とおっしゃる。『忘れないでください』とも。それが私は一番辛かったですね」

スイスへ帰ると、被災地で見てきた現状を英語でレポートにまとめ、知人や友人たちに配った。すると、すぐに義援金が集まり、日本へ送ってほしいと託された。ある友人からは大好きな動物を助けたいと寄付金を預かり、日本の動物愛護協会へ送った。

その後も帰国する度、盛岡で絵本プロジェクトが活動する公民館を訪れ、陸前高田へも欠かさず足を運んできた。瓦礫で埋もれていた光景は少しずつ変わり、避難所から仮設住宅へ移っても、「この先はどうなるかわからない。我々が抱える悩みはもっと深刻です」と洩らす声が胸に響く。メディアの報道は減っていき、日本の人たちにも忘れられていくような寂しさがある。「だから、被災地の様子を発信してください」と頼まれるのだった。

一方、スイスでは、日本への支援活動がさまざまな形で広がっている。デザイナーの次女は、陸前高田で被災した高校へスイス製ミシンを五台送り、いずれは地元の女性たちに縫製を教えることで就業支援を目指そうとしている。長女もスイスのオーケストラによるチャリティ・コンサートを計画。フグラーも被災地支援のためのオークションなどを手伝ってきた。

「スイス人は『ヒューマン・ライツ』をすごく大事にするので、弱い者を助けるという感覚が市民のなかに根づいています。だから、こういう事態になると、すぐ皆で立ちあがってしまう。人と人がつながり合い、あきらめずに続けていくことが大事なのでしょう」

末盛からのメールで奮い立ち、三〇キロのチョコレートを詰めた箱をガラガラ引いて岩手へ向かった。「何しろ軍隊を思い出したので」と懐かしむフグラーは、今も手土産は「チョコレート」と、ほほ笑むのだった。

第4章

日本中から届いた絵本の贈り物

「3・11絵本プロジェクトいわて」の呼びかけが始まって一週間後、二〇一一年三月三一日から荷物の開梱作業がスタートした。盛岡の中央公民館には続々とダンボール箱が届き、初日は一一人のボランティアで一八九箱、五五一九冊を開けた。

事務局長の赤沢千鶴は作業にあたり、全国から送られてきた本をいかに整理するかを考えていた。館の職員がトラックから積み下ろされたダンボール箱を運び、ボランティアの人たちが荷ほどきする。その際、宅配便の送付状に日付と本の冊数を記してもらい、毎日、開梱した分を赤沢が預かる。その日のうちにパソコンのエクセルに入力して、作業した件数と届いた本の冊数を集計した。

毎日の作業内容は他のメンバーに報告することも欠かさない。この「赤沢メール」によって、プロジェクトの活動状況が克明に記録されたのである。

「一日に届いた荷物をその日のうちに開けられないほどで、四月中旬には一〇万冊を超えました。仕分け作業もまったく間に合わなくなり、一時、受け入れをストップしましょうということになったのです」

一日で一万冊届いたこともある。ようやく受け入れを再開したのは、五月の連休明け。休止中に集めた本を大量に送ってくれる人も多く、ほどなく二〇万冊を超える。五月二〇日には受け入れを終了したが、それからも絵本はどんどん送られてきた。

最初は展示室の空きスペースで作業していたが、山積みの箱で足の踏み場も無くなっていく。さらに館内で閉店したレストランのフロアを使い、厨房まで埋め尽くされた。一方、仕分けした本の保管場所にも困り、館長の坂田が教育委員会に交渉し、市内の小学校の空き教室で預かってもらうほどだった。

こうして膨大に届いた絵本のなかで、熱心に作業を続けたのがボランティアの女性たちである。盛岡教育事務所の声かけによって参加した読み聞かせグループ、公民館を活動拠点にしている婦人ボランティア団体、小学校の図書ボランティア。さらに保育士や元教師、図書館司書など、絵本や児童図書に関わりある人たちが人づてに集まった。

ほとんどが家庭をもつ主婦であるため、無理なく参加できるようにと、作業するのは午後一時〜三時までの二時間と決める。活動は週五〜六日行い、一日二〇〜三〇人が参加した。当初はボランティアの公募をしなかったが、「私にできることがあれば声をかけてほしい」と、事務所にそっとメモを置いていく人もいる。春休みの間は地元の中学生も手伝ってくれたが、その後、少しずつ減っていくなかで彼女たちに連絡すると、すぐに駆けつけてくれた。

事務局の赤沢は作業前に点呼を欠かさず、一人一人の名前を覚えようと努めた。作業中も時おり様子を見ては、声をかける。終わった後はその日の出来事を報告し、ボランティアの人たちをねぎらうことも心がけた。

「毎日、こうして来てくれる人たちが本当にありがたかった。いろんな能力をもった人たちがいて、それぞれの場所で素晴らしい働きをしてくれたのです」

縁の下から支える力になりたい

ボランティアの作業は、ダンボール箱を開梱する「荷とき」と本を分類する「仕分け」の担当に分かれた。「荷とき」班のリーダーをつとめた盛岡市婦人ボランティア「野の花会」会長の小山田ゆうは、朗らかに語る。

「私たちは縁の下の力になれたらと願い、〝力仕事〟担当として入りました」

「野の花会」とは、盛岡市で三〇数年にわたって活動してきた婦人ボランティアの団体だ。昭和五二年、盛岡市教育委員会は全国に先駆けて「婦人ボランティア育成講座」を開設し、その修了生によって「野の花会」が組織された。「盛岡を知る市民講座」などを主催する傍ら、講演や研修会の記録・司会などをつとめる。子育て支援にも尽力し、公民館などで母親向けの勉強会が開かれるときは、乳・幼児を預かる託児を手がけてきた。

「いつも子どもと関わっているので、震災直後は何より気がかりでした。ご縁のあった沿岸の町が壊滅したという報道を聞いたときはショックで、地元の子どもが心配でならなかった。親を亡くしたり、津波で家を流された子どもたちはどんなに不安だろう。生きる希望を失わないように、何か手助けできることはないかと探していたのです」

盛岡市教育委員会の生涯学習課へ聞きに行くと、中央公民館で絵本のプロジェクトが立ち上ることを知らされた。「野の花会」も中央公民館を活動拠点にしていたので、翌日、赤沢に問い合わせ、「私たちも入れてもらえるかな」と申し出た。

「野の花会」の信条は「きばらず　さりげなく　さわやかに」である。フットワークの良さも持ち味だ。ただちに常任理事から承認がおりると、さっそく人手を集め始めた。まずは公民館の近くに住んでいて、絵本に関心ある会員に連絡する。その一人が小学校の図書ボランティアをしており、グループの仲間たちにも声をかけてくれた。

三月末、小山田はプロジェクトの事務局へ初めて顔合わせに呼ばれた。

「私はすぐ作業があるかと思い、エプロンをして走ってきました」

ところが、館内にはまだ数箱届いたくらいで、展示室では館長の坂田と末盛がのんびり一冊ずつ平らに並べている。それを見て、唖然とした。

「〝えーっ、こんな作業じゃ間に合わない……〟と。インターネットで情報が流れたら、すごい反応があるだろうと予測していました。ダンボール箱が届いたら、どういう手順で開けていくか。ボランティアも何人来るかわからないから、作業の流れをつくらなければいけない。うちの会員も一度に皆が集まれるわけじゃないので、日頃からいつ誰が来てもとまどうことなく作業できるような段取りを考える習性があるんです。いつも大勢で活動するのが習慣になっているせいか、最初はそれで頭がいっぱいでしたね」

いざ作業が始まると、続々と届くダンボール箱が山積みになっていく。まずは開梱する「荷とき」作業の流れを決めた。

①ダンボール箱が運ばれてきたら、箱の送付状に「○月□日　△番」と通し番号を記す。
②通し番号順に所定の場所に並べていく。
③荷物を開ける係はカウンター台の上に本を出す。中にプレゼントや図書券、お金などが入っていることもあるので確認する。
④本の冊数を宅急便の送付状に書き写し、切り取り、送付状の係に渡す。
⑤送付状の係はそれを順に台紙に貼っていく。
⑥本を大まかに仕分ける。
⑦最後に空いた箱を畳んで、まとめて置く。

本が入った箱は重いので、二人一組で作業する。毎日、参加者も入れ替わるので、係を分ける際には作業に慣れた人とそうでない人を組み合わせるようにした。

小山田自身は左手首を骨折して治療中だったので、通し番号をつける係にまわるが、片手でダンボール箱を積み替えながらの作業は重労働だ。腰を痛めそうになったり、あちこち痣だらけになってしまう。

「それでも、何かしなければ申し訳ないという気持ちがありました。被災地へ行ってガレキ処理などはできないけれど、自分も何か役に立ちたいと。誰しも同じ気持ちだったと思います」

「野の花会」のメンバーは六五歳以上の人が多いが、力仕事も厭わない。参加者は三〇人ほどおり、リーダーの小山田は毎日のように通い詰めた。

荷とき班の現場はほとんどが単純作業の繰り返しだ。送られてくる本の中にはシミや汚れ、名前のサインや落書きが目につくものもある。そのため洗面器にタオル、洗剤などを入れた「入浴セット」を持参して、本の汚れやほこりを落とす。シールは剥がし、マジックで書かれた名前も徐光液で消した。

子どもたちには「キレイな本を贈りたい」、「早く届けてあげたい」と、彼女たちは黙々と作業をこなしたのである。

絵本をこよなく愛する人たち

ボランティアに参加した人の多くは、絵本をこよなく愛する女性たちだ。「仕分け」班のリーダーをつとめた坂田真理子も、保育士として絵本と深く関わってきた。

「私自身も絵本は大好きで、保育でも取り入れてきました。ただ、読んで聞かせるだけでなく、絵本からふくらむイメージをふだんの生活や遊びにもつなげていったのです」

たとえば、『エルマーのぼうけん』を五歳児に毎日一章ずつ読み聞かせていくと、子どもたちの心に冒険のイメージがふくらむ。そこで「冒険しにいこう！」と呼びかけると、「森へ入ろうよ!!」などと返事が返ってきた。

野原を散歩しても、「ゴリラが出てくるかもしれないよ……」と声をひそめると、子どもたちのなかには、たちまちワクワクする気持ちが湧いてくる。運動会では「エルマーになろうか」と言うと、懸命に平均台の「橋」を渡り、網の「ジャングル」をくぐり抜けるのだった。

その続編を園児とつくったこともある。エルマーは最後に竜の家族を助けて家に帰ってくる。「この後、エルマーはどうするんだろうね？」と聞くと、「エルマーはもう一回、冒険に行くんだよ」と答え、「森へ行く」「ジャングルへ行く」と口々に言うが、中には「友だちをさそう」と答える子もいた。皆で物語をつくり、「せっかくできたお話だから、紙芝居にしない？」と提案すると、グループに分かれて、子どもたちに絵を描かせた。

「保育園の子どもが海賊と闘うという絵本があって、子どもたちにも『たたかう？』と聞くと、『たたかいたい！』と答えるんです。『明日、海賊ごっこするから、新聞紙で剣をつくっておいで』と言うと、家で頑張ってつくってくる。でも、闘ううちに新聞紙の剣は折れてしまうから、次回は考え、工夫してもっと強い剣をつくってきます。女の子の中には『私はたたかえない』という大人しい子もいるので、『宝を守る人をやってね』と頼むと、必死で守り通してくれたので、いっぱい褒めてあげました。

絵本の世界を通して、子どもたちには生き残る知恵や互いに助け合う仲間意識も育まれる。そんな体験の積み重ねが財産となり、何か困難に遭ったときでも生きる力につながるのではないかと思うのです」

子どもたちと過ごした日々を語る坂田の声は軽やかにはずむ。震災後、絵本プロジェクトの発足を知ったときも、〝絵本のことなら何かできるかな〟と思えた。ちょうど三月末に保育園を退職することになっており、リーダー役を頼まれたときは二つ返事で引き受けた。役所で退職辞令を交付された三月三一日、作業用に着替えをすませ、その足ですぐ中央公民館へ。ただちに仕分け作業が始まった。

ダンボール箱から開梱された本は、〇～三歳、四～五歳、小学校低学年、高学年と、対象年齢別に四つに分類することが決まっていた。坂田は他の保育士や読み聞かせグループの人たちと、乳・幼児向けの絵本を担当。図書ボランティアや図書館司書の人たちには小学生の本を受け持ってもらった。

仕分けした本は、折り畳み式のプラスチック製コンテナに五〇冊ずつ詰める。最初は避難所へ届けるため、年齢もさまざまな子ども向けに乳・幼児と小学生の本を組み合わせたが、やがて現地からの要望も変わっていく。再開された保育園や小学校から「本を流されたので届けてほしい」と頼まれると、「○○保育園用」「○○小学校用」と個別の要望に応じて分けていった。

最も大変だったのは、小学一年から六年まで三クラスある各教室に二箱ずつ置きたいといわれ、六学年で三六箱用意したときのこと。そこで活躍したのは、小学校の図書ボランティアのメンバーだった。

「仕分けするときから、〝えっ？〟と驚くことがありました。小学校の低学年用に保育園で読むような絵本をすっと入れるんです。『どうして？』と尋ねると、『保育園や幼稚園で読んでもらった本は低学年の子もすごく喜ぶから、小学校でも必要なの』と。絵本はやっぱり先につながっているんだなと思いました。

さらに、卒業前の六年生に『はらぺこあおむし』を読んであげたことも聞きました。青虫はサナギの皮を脱いで、きれいなチョウになるというお話。これから旅立つ子どもたちへの想いを込めて、六年生に贈る最後の読み聞かせをしたという話に私も感動して……そんな素敵な人たちが揃っていたのです」

絵本がどんどん届くなか、仕分けの作業も追われていく。送られてくる荷物には、子どもの本だけでなく、百科事典、図鑑、漫画、小説や実用書なども多数混ざっていた。仕分けしきれないものは別に整理して、事典や図鑑は図書館へ、コミック本や一般書は避難所や仮設住宅へ届ける。さらに、一部の書店や出版社から大人向けの書籍が届き、中には上下巻の下巻だけが大量に入っていたこともあったという。

すでに他の支援団体でも本を届ける活動が広がり、現地では古いものや汚れた本は敬遠されるという話を聞いた。わずかな汚れは荷とき班が丁寧に落としてくれても、ひどい落書きや破損のある本は「お気持ちだけいただいて……」と、やむなく処分せざるを得ない。仕分けの現場も、ほこり舞うなかでマスクをし、かじかむ手が真っ黒になるまで続く地道な作業だった。

「初めのうちは、誰もが〝笑っちゃいけない〟と思っていました。絵本に関わる楽しさはあっても、被災地の大変さを思えば、そんなことは口にできない。笑顔も見せず、ただ、黙々と働いていたんです」

それでも絵本に囲まれていると、大人たちも次につながるような充実感があった。子どもたちに読んでほしいと願ってコンテナに詰めるとき、絵本に添えられた手紙やしおりのメッセージを見たとき……。

「人それぞれ向き合う気持ちや好きな絵本も違う。絵本を大切にする人が全国にこんなにたくさんいることに驚き、絵本は子どもだけのものではないと、あらためて気づいたのです」

絵本を開くと、笑顔になれる

絵本の仕分け作業がスタートした翌日、ある図書ボランティアのグループが訪れた。事務局で彼女たちに所属名を書いてもらうと、赤沢は思わず目がとまる。

「〝えっ、『ねこの手』？〟。まさに、猫の手も借りたいほど忙しかったから来てくれたのねと、私も嬉しかったんです」

「ぐるーぷ・ねこの手」は、盛岡市の城南小学校で十数年活動しているお話ボランティアのサークルだ。休み時間に図書館での読み聞かせから始まり、教師の依頼を受けて授業時間にお話会も企画するようになった。「宮沢賢治の世界」「新美南吉ときつねの話」「本は友だち」などテーマに添って、それぞれ得意とする童話の朗読や絵本を読み聞かせる。教師の目線ではなく「お母さん」のまなざしで、子どもの本と関わってきた。

その一人、川守田栄美子は「野の花会」にも所属し、会長の小山田の誘いで絵本プロジェクトに参加することになったという。

「ああ、これは絶対に『ねこの手』のメンバーが活躍できる場だなと思ったんです。子どもの本が好きな人たちなので、声をかけたら積極的に応援してくれました」

すでに子育ても一段落した仲間たちを誘い合わせ、五人の有志が集まる。仕分け作業では、小学生向けの本の分類を担当した。

小学校へ届ける本でも被災状況によって要望は異なる。津波が図書館へ押し寄せ、上段にある高学年の本は助かったが、低学年の本は水浸しになったので届けてほしいという学校。校舎が倒壊し、高台の学校に間借りして再開された小学校では、そこの図書館を使えないため、各クラスに学級文庫を設けたいという。「ねこの手」のメンバーは学年ごとの推薦図書から人気の児童書まで知り尽くしているだけに、的確に分けていく。

震災当初、避難生活が続くなかでは子どもたちの心情を慮り、ことに心がけたこともあった。

「どんな本を喜ぶかなと考えたとき、思い浮かぶのは自分の子どもなんですよね」

メンバーの中野匡子にとっては、幼い娘に読み聞かせた本が親子の大事な思い出になっている。そこで我が子が好きだったもの、お話会で子どもたちが喜んだ本を選んだという。

さらに公民館へ数多く送られてきたのは、キツネの主人公ゾロリが双子のイノシシと修行の旅をしながら、行く先々で活躍する『かいけつゾロリ』や、少年エルマーが竜の子どもを助け出すためにどうぶつ島へ乗り込む『エルマーのぼうけん』。小学校の図書館でボロボロになるほど読まれているシリーズだ。『ミッケ!』や『ウォーリーをさがせ!』など、ゲーム感覚で読める絵本も人気だった。中野はこう振り返る。

「辛い生活のなかでも、ちょっと心休まるものや楽しい気持ちになれる本。心の逃げ場になるような本を届けたいと思ったのです」

一方、戦争や津波などの災害、家族の生死にまつわるような物語は外した。実際に被災地へ本を届けると、子どもの反応に心打たれることがある。田村一恵は山田町でこんな子どもたちに出会った。

「『これ、おうちにあったけど、流されちゃった』と言って、家で好きだった本を探して持ち帰る子。『保育園で読んでもらった本だ！』と嬉しそうに見ている子もいました」

家で読み聞かせをしていたという母親も来ており、「お母さんもどうぞ」と勧めると、嬉しそうに絵本を眺めていた。

「絵本を開くと、大人も笑顔になるんです。ページをめくるほどに楽しくなっていく。気持ちが沈んでいるときも、絵本には人を元気にしてくれる力があるのでしょう。一緒にいるお母さんが笑顔になって『あー、ちっちゃい頃に見た』と喜んでいると、子どもも嬉しくなってくる。お母さんに元気がないと、子どもは寂しいですものね」

子どもたちが欲しがるのは、読んだことのない新しい本よりも、むしろ前に持っていたという本が大半だった。

「『オレ、この本が好きだ！』といって手に取ったのは、大人から見ればさもない本でも、『だって、これ、母ちゃんが読んでくれたもん』と言う。子どもにとっては名作や語り継がれた本もあるけれど、誰が読んでくれたかということが幸せの記憶なんですね」

そんな少年を思い出すという小川教子には、忘れがたい出来事があった。石巻市の保育園で絵本の読み聞かせをしていたときのこと、途中で震度四の余震に見舞われた。

「子どもたちの顔がさっと変わり、とっさに目の前の女の子を抱っこしました。『大丈夫だよ。(私の)脂肪は強いんだよ』と言うと、ふっと笑ってくれて。でも、『津波が来るかもしれないので早く帰ってください』と園長先生がおっしゃると、子どもたちもまた怯えてしまう。そのまま置いて帰るのは可哀そうだけど、この子たちには家族がいるからと心に言い聞かせて園を後にしたんです」

次々に親が迎えに来るなか、一人、眼鏡をかけた小さな男の子はおばあちゃんのお迎えで帰っていく。ふと〝お父さんやお母さんはどうなったのかな〟と思い、その後も気掛かりでならなかったと、小川は言う。現地ではなおも厳しい生活が続く子どもたちの姿に胸が痛んだ。

もともと「ねこの手」のメンバーに声をかけた川守田は、義父母の介護もあって、なかなか被災地へ行けなかった。それでも一度、大槌町の仮設住宅へ本を届けたことがある。

「そこには絵本プロジェクトのマークが付いたコンテナが置いてあり、〝ちゃんと届いてる〟と思ったら、すごく嬉しくて。『これ、読んでもらった！』と目を輝かせる子どもたちを見たとき、少しでも悲しい気持ちを乗り越えていく力にしてくれたらいいなと思ったのです」

子どもたちとの出会いが励みとなり、公民館での活動につながっていく。全国から届く荷物の中にはさまざまな本があり、作家本人から贈られたものや、科学などの学術書まで入っていた。古い本でもすでに絶版となって手に入らない作品もあった。『ねずみ女房』の作者ルーマー・ゴッデンの『ふしぎなお人形』などの翻訳絵本、『アンパンマン』『マザー・グース』などロングセラーの初版本と、貴重な稀覯本も送られてきた。

そうした本は市内の図書館などで活用してもらったり、良質なものはいずれ子どもたちに紹介したいとプロジェクトで大切に保管しておく。それは「宝の山です！」とメンバーは声を揃える。

最初は佐々木優子を加えたサークル五人で参加したが、中野はこう感じていた。

「絵本が好きだから、私たちの方がボランティアをさせてもらってるという感じです。絵本プロジェクトは野の花会、図書ボランティア、個人と寄せ集めのグループだけど、すごく波長が合って、互いの想いが一緒だった。こういう巡り合わせに感謝しているし、本当にいいチームプレーができているんです」

ボランティアとして登録した人たちは、二〇〜七〇代までの一五〇人。作業が始まってから七九日間で、延べ人数は二〇〇〇人を突破した。ボランティアの中には、友人や親戚が沿岸に住んでいて被災したという人も少なくない。現地へ行くことはできなくても、プロジェクトの活動に参加することで塞ぎ込んでいた気持ちを奮い立たせることができたという人もいる。

〝ねこの手〟くらいなら……そんな女性たちの温かな心は大きな輪に広がった。

第5章

初めて被災地へ絵本を届けた日

淡いピンクや緑、黄に彩られた愛らしい園舎。その保育園は、宮古市でも海岸からかなり離れた高台の奥まった地にあった。

街の中心部を抜け、川を渡って向かう道中は、津波にすべてを流されて廃墟と化した平地が続く。赤茶けた泥にまみれた廃材や漂着物が散乱している。やがて坂を登りきったところに真新しい園舎がぽつんと建っていた。

「園舎は『ノアの方舟』みたいにきれいに残っていても、そこへ到る道は瓦礫の山に囲まれている。子どもたちは毎日ここを通って保育園へ来るのかと思うと、愕然としましたね」

初めてその光景を見たときの感慨は、今も末盛千枝子の胸に迫る。

二〇一一年四月四日、絵本プロジェクトのメンバーは宮古市の赤前保育園を訪れた。すでに三月下旬、館長の坂田と赤沢、次男の春彦の三人が宮古市を視察しており、最初に絵本を届けることに決まっていた。

「最初の日は末盛さんも行ってください」

皆にそう言われたときは、すぐに「はい」と答えたが、胸中はなおも揺れていた。

「自分で言い出したからには、私も現地へ行かなければと思っていたけれど、本当に覚悟が必要でした……」

早朝、車で盛岡を発ち、北上高地の峠を越えて三陸沿岸の宮古へ向かう。津波の惨状は、日々報じられる新聞やテレビで見ていただけに、やはり恐怖心が先に立つ。現地へ近づくにつれ、緊張して声も出なくなっていく。閉伊川を逆流して、内陸まで迫りゆく津波の猛威。あの光景は頭に焼きついていたが、それは切り取られた画面の枠を通して見ていたに過ぎない。実際に目にする被害ははるかに甚大で、想像を絶していた。

ようやく赤前保育園に着くと、「あっ、末盛先生がいらした」と園長は涙ぐんで迎えてくれる。そこで震災当日の様子を聞かされた。

三月一一日、園長は新築された園舎のほうで卒園式の練習をしていたという。その園舎は四月から開園することになっており、それまで使っていた古い建物はさらに低地にあった。当日は年長組だけが予行練習のために新しい園舎を使い、他の園児たちはすべて古い建物にいたのである。巨大な地震に襲われ、怯えきった子どもたち。津波警報が発令されると、職員はただちに山の方へ避難させた。近くの工場で働く男性たちも総出で園児を一人ずつ抱え、次々に山頂まで運んでくれた。夕方から雪も降り始めたが、眼下まで押し寄せた泥流は引かず、身を寄せる場所もない。工員たちは自分の作業着を脱いで子どもたちに着せると、山中で一夜を明かしたという。

古い建物は跡形もなく流された。高台にあった新しい園舎にも土台の一メートル下付近まで濁流が押し寄せたが、奇跡的にそこで止まり、建物は無傷で残ったのである。

四月から保育を再開するにあたり、盛岡の公民館から絵本を届けたのが四月四日のこと。プロジェクトにとっても、子どもたちに絵本を贈るスタートの日となった。末盛と事務局長の赤沢、ボランティアのメンバーで二六箱のコンテナを車で運んだ。赤前保育園に到着すると、一歳から五歳までの二〇人ほどの園児と職員が待ちかまえていた。

ホールに集まった子どもたちを前に、ステージに立つ図書ボランティアの一人が絵本の読み聞かせを始めた。後ろでその様子を見守っていた末盛は、ふと一人の女の子が目にとまる。

「ピンクのセーターを着た小さな女の子が、しゅんと寂しげな顔でうつむいている。他の子たちは、一所懸命、お話を聞いて盛りあがっているのに、一人だけ絵本の方を見ようとしないのです」

末盛はその子が気になって、隣に寄り添って座った。すると、後から園長に知らされた。

「あの子は避難所でずっと、帰って来ないお母さんを待っているんです……」

子どもたちが喜ぶ笑顔

震災から三週間過ぎても、なお行方のわからない母親の帰りを待ちわびている女の子。表情が凍りついたように変わらぬ子もいれば、保育士にべったりくっついて離れようとしない子どももいる。

ボランティアの坂田真理子は、長年、保育士として関わってきた経験から園児たちの心の機微を感じとっていた。

「ものすごく喜んでいる子どもたちも、あまりに喜び過ぎじゃないかと思ったのです。表情を失くしている子はもちろん、他の子たちもかなりのショックを受けているはず。表面上は明るくふるまっていても、この明るさはちょっと違うかなと。もしかしたら、周りが大変な状況だと感じているから、その中で何か楽しいことをしに来てくれた人たちがいると嬉しくて、余計はしゃいでしまう。それくらい抑えている気持ちを発散する場になったのかもしれない。とにかく絵本に向かう子どもたちの目はキラキラ輝いて、すごい集中力でした」

実際に現地へ絵本を届けるまでは、自身の中にも惑う気持ちがあったという。

「今の時期でいいのか。絵本よりもっと必要なものが他にあるのではと」

ある小学校の避難所へ行ったとき、「体育館に入れておいてください」と言われた。絵本のコンテナを運ぶと、体育館は食べ物や衣類などの支援物資であふれている。この絵本はいつになったら子どもたちの手に届くのだろう。まだ早過ぎるのでは……そんな暗澹たる思いになったのである。

それでも保育園で絵本を読み聞かせると、子どもたちは身を乗り出して聞き入っている。

「あっ、この子たちは、今、全然違う世界に入っていくことができているなと感じました」

読み聞かせが終わると、子どもたちに「好きな絵本を持っていっていいよ」と一冊ずつプレゼントする。自分で選ぶのはとても楽しいようで、あれこれ手に取って嬉しそうに見ている。「この本、おうちにあった」「先生に読んでもらった！」と言って、ぱっと選んでいく子。何冊も迷った末に「やっぱり別なのにする」となかなか決められない子もいる。真剣な顔でじっくり探し続ける子が「これにする」と決めたときは、「いい本、選んだね」と褒めてあげた。保育士たちも、心沈んでいた子どもたちが手にした本を見ながら、「自分で選ぶことの大切さ」をあらためて感じたという。

子どもたちの喜ぶ顔を見たことは、それまで試行錯誤しながら作業を続けたメンバーにとっても、先へ向かう励みとなる。赤前保育園に二五〇冊届けると、続いて重茂児童館に二〇〇冊、赤前小学校に一五〇冊、宮古保育園に二〇〇冊と、順に回った。

行く先々で震災当日の話を聞き、小学校では避難所の生活を目の当たりにした。校庭には自衛隊の装甲車が連なり、物々しい空気が漂う。支援物資や医療チームを運ぶ車も次々に出入りしていた。昼過ぎに訪れると、絵本を届けた校長から「これ、自衛隊のお昼ですけれど、美味しいから食べてください」と炊き込みご飯の缶詰でもてなされた。さらに長引く避難生活の厳しさを思うと、痛ましくてならなかったと末盛は洩らす。

この日、最後に向かったのは、宮古市に隣接する山田町の保育所だった。山田町では津波によって倒れた重油タンクに火がついて、大規模な火災が発生。交通が寸断され、断水していたため消火活動ができず、中心部が燃えさかる大惨事となった。

それゆえ焼け野原となった町をたどるなか、忘れがたい「祈りの人」に出会ったのである。

祈ることしかできない

山田町には船越半島があり、末盛にとっては、父・舟越保武にゆかりある地でもあった。いずれは訪れたいと願っていただけに、初めて見る町の惨状には息も詰まるようだった。

ＪＲ山田線の陸中山田駅も廃墟となり、見る影もない。もう二度と来ることはないだろうと思うと名残惜しく、末盛は恐る恐る駅舎に足を踏み入れる。すると、崩れ落ちたホームの片隅に、一人たたずむ僧侶の姿があった。はらはらと雪が舞うなか、黙々と祈りを捧げている。凛とした姿に心打たれ、思わず写真におさめていた。

翌日、その僧侶のことがＮＨＫ盛岡放送局のニュースでわずかに報じられた。盛岡市にある禅寺の副住職で、まだ二〇代の若き僧侶と知る。四月二日に宮古市を発ち、一人、宮城県の石巻を目指しているのだという。

雪降る道も素足に草鞋ばき。お経を唱えながら、瓦礫に埋もれた町をひたすら歩いていく。倒壊した家屋の前では深々と一礼し、犠牲者の鎮魂と街の復興を祈り続けた。

「この方も自分に何ができるだろうと考え、やはり祈ることしかないと思ったと言うのです。それでも『これが何の役に立つのだろうかと思うし、虚しい気もします』と言いながら、町から町を歩き、道のあちこちで手を合わせて祈っていました」

瓦礫が残るところには、人の思いが詰っている。そして、日暮れの頃には海に向かって深くお辞儀をし、ひときわ大きな声でお経を唱える。夜はテントを張り、コッフェルで自炊しながら野宿し、明け方にはまた海岸沿いの道を歩き始めるのだった。

末盛はかつてロンドンで、船員組合の敷地に立つ石碑を見たことがある。そこには〈海の他に墓を持たない男たちのために〉と記されていた。海に沈んだ御霊に向かい、一人、合掌する若き僧侶。その姿は、戦地に散った日本兵を弔うべく僧侶となった上等兵を描く『ビルマの竪琴』にも重なり合う。

「この方にお目にかかれたことは、大きなお恵みだったのでしょう。私も救われたような思いがしたのです……」

初めて被災地へ絵本を届けた日、さまざまな人との出会いがあった。目を輝かせて、絵本に見入っていた子どもたち。しゅんと沈み込んでいた女の子はどうしているだろう……。ふと気がかりになるとき、末盛は『わたし』という絵本を思い返す。谷川俊太郎の詩に、長新太が絵を描いた本である。

わたし
おとこのこからみるとおんなのこ

あかちゃんからみるとおねえちゃん
おにいちゃんからみるといもうと
おかあさんからみるとむすめのみちこ
おとうさんからみてもむすめのみちこ……

もとは小さい子どものためにつくられた絵本でも、そこには、一人の子どもがいかに家族や友だち、周りの人との関わりのなかで育まれていくのか。さらには、一人の命の尊さを伝えるメッセージが込められている。

被災地に絵本を届けたいという思いの原点も、やはりそこにあることを確信したのだった。

第6章

「えほんカー」をつくりたい

子どもたちに絵本を届ける活動は、三陸沿岸の宮古市からスタートし、山田町、大槌町、釜石市、大船渡市、陸前高田市へと広がっていく。盛岡から車で向かうと、片道で二時間以上かかり、四月に活動を始めた頃はまだ雪も残っていた。現地では津波の被害で道路が寸断され、信号や目印となるものも失われていたため、目的地を目指すのは容易ではなかった。まして再開された保育園や小学校、避難所などは集落の高台にあるため、入りくんだ狭い道を走らなければたどり着けない。大型トラックでまとめて運ぶことはできず、ボランティアのメンバーや知人のワゴン車を使っていたが、個人の車は必要なときに必ず使えるとは限らない。

運転ボランティアの金沢陽介から「夢を届けられるようにトトロの『ネコバス』のような車で運びたいね」という話が出た。そこでプロジェクトのメンバーは自前で使える「移動図書館車」の導入を話し合った。

「小回りが利いて、誰でも運転できる車。しかも、安価で購入できる車を考えたとき、軽トラックを改造したらいいいんじゃないかと……」

ひそかに温めていた「えほんカー」のアイデアを提案したのは、末盛の次男、春彦だった。

プロジェクトの立ち上げから関わってきた春彦にとって、絵本はやはり格別のものである。幼い頃から家の中には当たり前のようにあり、父亡き後は絵本の仕事に専念する母の姿を見てきた。それゆえ殊さら意識することもなかったが、震災後、不思議とすぐ頭に浮かんだのは「絵本」だったという。

「ずっと〝何かしなきゃいけない、何かしなきゃいけない〟と考え続けていました。自分にできることは何なのか。でも、絵本なら届けられると思えたのです」

思い浮かんだのは絵本だった

震災当日、春彦は東京・中目黒にある自分のオフィスで震度四の揺れに襲われた。外へ飛び出すと、周りのビルでもガラスが割れ落ち、なかなか揺れはおさまらない。すぐ岩手にいる母に電話したがつながらず、オフィスに戻ったところで、やっと連絡がついた。八幡平でも凄まじい揺れだったというが、家族の無事を知って、とりあえず安堵する。だが、また外へ出たところ、隣接する立ち飲み屋のカウンターにあるテレビの画面に釘づけとなった。

千葉の湾岸に林立するコンビナートが燃えている光景。さらに、津波の濁流に家屋や自動車が飲み込まれていく映像がリアルタイムで流され、三陸沖を震源地とする巨大な地震があったことを知った。今、現実に自分の家族が暮らす東北の地で起きているのだと思うと、緊張はつのる。都内の交通機関が止まり、自宅マンションまで歩いて帰ったのは夜半過ぎ。食器などが割れて散乱していたが、片付ける気にならず、あとは繰り返し流れるニュースの映像を呆然と見続けていた。

翌日には福島原発で爆発事故が発生し、緊迫した状況が刻々と伝えられていく。映像や広告などの企画制作に携わる春彦はすべての仕事が止まってしまい、家でテレビを見ているしかなかった。

岩手、宮城、福島の被災地で、苛酷な避難生活を強いられる人たち。かたや東京では震災による品不足を怖れて、スーパー・マーケットへ買い占めに走る群衆の姿が報じられる。張り詰めた日々が続くなか、背筋がざわつくような恐怖と焦燥感にもかられた。

「東京で何事もなく暮らしていることへの罪悪感。このまま自分は何もせず、受身でいいのかという焦りもありました」

飲料メーカーの友人から連絡があり、被災地へペットボトル飲料を届けたいと相談された。輸送用のトラックを出すから、届け先を教えてほしいと頼まれ、宮城や福島の知り合いをつなぐパイプ役をつとめた。それでも自分が現地へ届けるわけでなく、一人でできることの限界も感じる。震災後ただちに食料や衣類などの支援物資を届けた企業も多かったが、ふと気にかかったのは子どもたちのこと。お菓子が届けられたというニュースは聞くけれど、絵本を届ける人はいるのだろうか……。

「それでも、あの頃は母と揉めていたので、どうしてもこちらから電話したくないという思いがあったんです」と春彦は苦笑する。

地震の直後に無事を確認して以来、母の千枝子とは話していなかった。心にわだかまっていたのは、岩手へ移住するにあたり、「すえもりブックス」を閉める件で揉めたことにあった。突然、経営が立ち行かなくなったことを打ち明けられ、なおも手放す決意がつかない母をどうにか説得した。会社を閉める作業を代わりに担い、母が岩手へ移ってからも煩雑な事後処理に追われる。心労はかさみ、母との葛藤も続いていた。

そんな最中に震災が起き、自分にできることは何かと考え続けた。そこで思い浮かんだのが、絵本を子どもたちに届けること。それを母に伝えるのは躊躇われたが、ひと晩、悩んだ末に電話をかけた。

「すごく腹が立っていたし、悔しい思いもあったけれど、自分にできることは本当に少なくて、それでもできるとしたら絵本を届けることしか思いつかなかった。だから、『おふくろ、何かやった方がいいんじゃない？　そして、その手伝いを俺にもさせてほしい』と話したのです」

息子の言葉に背を押され、末盛は盛岡の知人らにメールを送った。それから数日後、春彦のもとに母から電話があった。

「あなた、岩手に来ない？」

「じゃあ、行くよ」

その週末、東京駅から臨時増発便の夜行バスに乗り、岩手へ旅立った。

被災地で見た母と子どもたち

早朝、盛岡駅に到着し、ＪＲ花輪線で北森駅へ。母が駅まで車で迎えに来てくれた。車中ではほとんど言葉もかわさず、八幡平へ向かう。震災後初めて訪れた松尾の家は、壁のあちこちに亀裂が入って剥がれ、居間にぽつんと七輪が置かれている。その様子を見たときに込みあげる気持ちもあった。

「もっと早く行くべきだったんじゃないかと思いました。それまでは母に会いたくなくて、何かしら理由をつけては、心配を打ち消そうとしていた。でも、行ってみたら、まだ雪が真っ白に積り、電気や水道も止まったなかで七輪を買い、水を貯めて暮らしていて。僕はずいぶん意地を張っていたんだなと気づいたんです」

翌日、中央公民館を訪ねると、館長の坂田と赤沢に挨拶した。すでに被災地へ視察に行く準備も整っており、母に代わって現地へ同行することになる。春彦も避難所などで配るために絵本を届ける活動のチラシを持参した。

三月二七日、盛岡を発つと、まず宮古へ向かう。北上高地を越えるまでは冬枯れの美しい林道が続くが、やがて川沿いを下っていくと、辺りは薄茶や黄土色の泥沼となり、大木や電柱がなぎ倒されていた。沿岸から数キロ以上離れているにもかかわらず、そこまで津波が逆流してきたことに呆然とする。

「思わず鳥肌がたち、それでも目を逸らすまいと見続けているのが精一杯でした」

宮古市街に入ると、ほとんど被害は見受けられないが、駅前の交差点を過ぎると一変した。商店街の店舗は一階部分が損壊し、街なかに巨大な船が流れ着いていた。宮古では主に沿岸被災地の情報収集や運転ボランティアを担っていた「いわてアートサポートセンター」のメンバーのひとりの実家を訪ねる。自宅は無事だったが、経営していた会社やアパートは流されてしまったという。それでも温かな味噌汁をふるまわれ、その気遣いを申し訳なく思う。電気や水道、ガスなどのライフラインはまだ止まったまま。向かいにある学校の校庭には自衛隊の輸送車がびっしり停まっていた。いまだ支援物資も行き渡らぬ状況で、〝絵本など届けていいのか……〟と惑いも頭をよぎる。

そこから赤前保育園へ行く途中、津波ですっかり家屋が流された場所を通りかかった。ある住居跡で、母と子がゴミ袋を手に何かを探している姿を見かける。雨降るなか、ぐしょぐしょになって拾い集めていたのは泥だらけの洋服だった。

宮古からさらに車で沿岸を南下して、次は釜石へ。避難所になっている公民館を訪ねると、中庭ではジャージ姿で乳児をあやす母親や、やんちゃに駆け回る少年たちを見かける。そこで避難所の世話をしていた図書館の係長の女性に話を聞くことができた。

避難所では、自宅や家族を亡くした人と無事だった人がともに生活し、互いに気遣いながら過ごしているという。子育てする母親たちは、赤ちゃんが泣いたり、子どもがぐずる度に懸命になだめ、泣きやむまで屋外であやす。たえず緊張し、周りの人に気を遣っていることが不憫でならないと、彼女は洩らす。

「絵本が届いたら、赤ちゃんを抱えるお母さんたちが外へ出る口実になるだけでもいいかもしれませんね……」

そんな話を聞いたとき、ようやく惑いも吹っ切れたと春彦は言う。

「お母さんと子どものために絵本を届けるだけでも、すごく意味がある活動なんじゃないかと思えるようになったのです」

その日の深夜、春彦は東京にいる知人たちにいっせいにメールを送った。果たして自分に全うできるかという不安もあったが、明け方ちかく、一通の返信が届く。それはデザイナーの友人、井口創からのメールだった。

たまたま岩手へ発つ当日、中目黒のオフィスを訪れた井口に会っていた。彼もグラフィックデザインの仕事で独立するという。

「実はこれから岩手へ行くんだよね。被災地へ絵本を届けられたらいいんだけど……」

春彦もまだ漠然と思い描いていたことを口にしていた。それだけに、突然、井口から送られてきたメールに驚いた。そこには絵本プロジェクトのイメージをデザインしたものが添付されていた。絵本が開かれて、その中に込められた想いがストレートに伝わってくる。シンプルで飾りのないデザインが心に響いた。

「もし使えるのであれば、ぜひ、これを使ってくれないかな」

春彦の決意を受けとめ、深夜に描きあげてくれた井口の気持ちが嬉しくてたまらなかった。勇気づけられる思いで、すぐ母に見せると、「ロゴマークに使おう」と話し合った。プロジェクトのメンバーと話し合って名前も決まり、春彦は東京へ戻るとホームページを立ち上げたのである。

「えほんカー」があったら

いよいよ絵本の配布が始まると、東京にいても気が気でなかった。週末になると夜行バスで盛岡へ行き、公民館で本の仕分け作業も手伝い始めた。

「最初に母から電話で、『作業時間は毎日二時間と決まったの』と聞いたときは、僕も二時間の作業ではなかなか終わらないだろうと思ったんです」

ところが、実際に行ってみると、作業の流れはスムーズで、最後まできっちり集中して進められていく。三〇代半ばの春彦も「お兄ちゃん、ちょっとこっちへ来て」とあちこち駆り出され、自然とその場に馴染んでいった。現場の空気は明るく、ボランティアの女性たちは力仕事もテキパキこなした。ダンボール箱から珍しい絵本が出てくると、皆で集まって、「これ、〇〇の初版だよね！」と盛りあがる。それは子どもが絵本を手にしたときと変わらぬ笑顔だった。

〃この活動で絵本を手にした子どもたちも、将来、こんなに素敵な大人になるのだろうか〃

そのためにも小さなきっかけを与えられたらと思う。自分もまた、頼もしく優しいボランティアの女性たちから元気をもらうような気がした。

こうして盛岡へ通ううち、母の千枝子と話すことも多くなった。絵本プロジェクトの活動をするなかで、母が考えていることもわかりかけていく。

「父が亡くなってからは、母が父親代わりもつとめ、僕や兄と接してくれる時間がすごく長かった。だから、『親父がいてくれたら良かったのにと思ったことは一度もないよ』と話したことがあるんです。そう頭でわかっていても、母の不得手な面を知るほどに、もどかしく思うこともあった。でも、それも少しずつ受け入れられるようになってきたのです」

自分にとっては、六歳で別れた父親への憧れが大きかった。父亡き後は代わりに家族を支えなければと思ってきた。一人で背負うあまり、母への葛藤を抱えた時期もあったが、盛岡で出会った人たちに教えられたことがある。それぞれ自分にできることを尽くして支え合えばいいのだと。春彦もまた「僕にできること」を見つめ直した。

四月半ば、被災地へ絵本を届ける活動が広がりゆくなか、事務局のミーティングで話題となったのが、「移動図書館車」だ。山あいや細かな路地の先にある保育所などに絵本を届けるためにはどうすればいいいか。そこで春彦が提案した「えほんカー」のヒントになったのは、母から聞いていたIBBY（国際児童図書評議会）の活動だった。

かつてインドネシアのスマトラ島沖地震の際には、モーターバイクの後ろにコンテナを搭載した「ブック・モービル」が活躍した。コンテナに絵本を詰めて、被災地の子どもたちに絵本を届けたと聞く。日本の道路交通法ではその仕様が許可されないため、軽トラックを改造することを考えたのだ。

軽自動車ならば小回りが利いて燃費も良い。普通免許さえあれば誰でも運転できる。予算は限られているが、他の車種より安価で購入できるだろう。ちょうど日本財団の助成金一〇〇万円を交付され、活動支援金が二〇〇万円を超える目途も立ったところで、車を発注しようと決まった。

東京へ戻ると、春彦はすぐに製作してくれるところを探し始めた。まずは軽トラックに大型の本棚を積んだ写真を合成し、「えほんカー」のイメージをつくった。クレープや焼き芋などの移動販売車を手がける車体メーカー、移動図書館車などを製作する工場を調べて、一件ずつ当たっていく。その中で行きついたのが林田製作所だった。合成写真をファックスで送ると、先方から電話があり、さっそく訪ねることになった。

子どもたちが待っているから

JRさいたま新都心駅から車で一〇分ほど、住宅街を抜け、河川敷にほど近い一角に「林田製作所」がある。敷地内には鮮やかなライトグリーンの移動図書館車が完成し、工場では幾台もの車輌がそれぞれの工程で仕上げられていた。

「林田製作所」では、大型の移動図書館車をはじめ、公害測定車、体力増進測定車、救急車、排水ポンプ車、警察レスキュー車、キャンピングカー、馬匹輸送車など、特種車体の製作を専門に手がけている。ことに移動図書館車は、北海道から沖縄までの県・市区町村から注文を受け、全国で八割以上の生産台数を誇る。アジアやアフリカなど海外へも販売していた。

工場長の塩澤和夫を訪ねたのは、四月半ばのこと。この道四〇年という塩澤は寡黙ながら、素人の春彦が「えほんカー」のイメージを熱心に伝えると、じっくり耳を傾けてくれた。

「正直なところ、この話が来た時点では十数台という受注を抱えていました。部品関係は福島の方でつくっていたので、三月の震災後は手配ができず、間に合わなくて海外に発注してもすぐには入らない。うちも手一杯というのが実情でした」

ぽつぽつと語り始めた塩澤は穏やかな笑みを浮かべる。当時は仕事が立て込んだうえ、岩手や宮城など東北からの注文も次々に来ていた。いずれも官庁との契約では納期に追われ、新規の仕事を受ける余裕はなかった。

「それでも末盛さんの話を断わるわけにはいかないという思いがあった。我々も現地へ納車に行くと、よくわかるんです。住民は移動図書館車が回ってくるのを、楽しみに待ってるんだよね。ましてボランティアと聞けば、やっぱり何とかしてあげたい。だから、独断で引き受けようと決めました」

ただ問題なのは、肝心の「車」を手配することだった。震災直後は自動車メーカーもほぼ生産をストップし、東北では工場を流されたところもある。被災地では車の需要が高まるなか、新車の確保は難しかった。塩澤には「中古なら手に入る」と言われたが、プロジェクトの活動では最終的に被災地へ寄贈することを考えていたので、春彦は「新車じゃないとダメなんです」と頼み込む。そこで塩澤が相談したのが、「竹内ボデー工場」の社長、竹内康順だった。彼の尽力によって三菱自動車のミニキャブ・トラックのAT車が見つかり、すぐ手配してもらった。

「竹内ボデー工場」は、昭和二年に設立され、当時は馬車の製作修理やT型フォードなど外国車の車体改造を行っていた。その後、自動車の用途に応じて、「車体《ボディー》」に特殊な技術や改造を施す「架装」業務をスタート。現金輸送車、消防自動車、タンク・ローリー車、中継車等、「特装車」の製作などを手がける車体メーカーである。

林田製作所の塩澤は、先代の社長の頃から懇意にしており、軽自動車の架装も手がける同社に、実際の製作を頼むことにした。図書館車のノウハウをもつ塩澤は春彦もまじえて何度も打ち合わせを重ねる。さらに図面のやりとりをしながら、東京・千住にある竹内ボデーの工場で製作が始まった。社長の竹内はこう振り返る。

「うちでは図書館車を手がけたことがなく、しかも軽自動車となると、心配だったのは車体をいかに軽くつくるかという点でした。軽自動車は総重量が決められており、三五〇キロまでしか物を積めない。軽トラックのベースとなる荷台に図書館仕様の箱をつくり、そこへ最大限の本を積むには、できるだけ箱の部分を軽量にしなければいけない。そのため車体にはアルミの材料を使い、部品関係なども林田さんからアドバイスをいただきました」

軽自動車の場合は、地上からの高さ二メートル以下、長さは三・四メートル以下、幅一・四七メートル以下、エンジンの排気量六六〇CC以下と決められている。その枠のなかで絵本を積むための箱を設計するが、そこでもさまざまな課題があった。中に設ける書架は子どもたちが手を伸ばして本を取りやすい高さや奥行きであること。軽量を目指しても頑丈であり、本棚をしっかり固定する技術も欠かせない。

「車の運転時にカーブしたり、停まったりするときに圧力がかかるので、それに耐えられるような骨格をつくること。さらに雨が降ったときでも、中に水が入らないような構造にするため苦心しましたね」

水切りのための工夫や安全面の配慮にも、林田製作所で培われた技術を活かしながら、「えほんカー」の製作は着々と進んでいく。架装の工程は、設計、組み立て、配線関係の艤装、塗装、室内灯などをつける電装、車体にロゴマークを入れるマーキングなどに分かれる。工場では二五人以上の技術者が携わり、一カ月もかからずに完成された。

「やれやれ、という気持ちでした。子どもたちが待っているだろうと思うと本当に安心したな。小さい子は思いもよらぬ行動をするので、ちょっとしたところが危ない。本棚の角で手を切ったり、頭をぶつけたりすると怖いから、我々も気を遣いました」

無事、完成するまでは気がかりで、工場へ幾度か顔を出したという塩澤。その教えを受けながら、初めて図書館車を手がけた竹内の表情も和らぐ。

「ふだん我々がつくっているトラックは子どもと関わることはないけれど、子どもたちにとっては大好きな『働く車』なんですよね」

それぞれに誇りをもって働く人たちの心意気が、子どもたちに夢も届ける「えほんカー」に結実した。その現場へ足しげく通い、作業を見守ってきた春彦は、「楽しみでしかたなかった」と少年のように笑う。

五月二〇日、春彦はデザイナーの井口創とともに千住の工場を訪ねた。完成した「えほんカー」の前で、塩澤、竹内、そして工場の技術者たちとともに記念写真を一枚。二人は晴れわたった東京の街を後に、盛岡へと出発したのである。


真っ白なボディーに、絵本をかたどった赤いマークがすっきりと映える。園庭に停まった「えほんカー」を見るなり、子どもたちの顔はたちまち変わった。

「この中からいったい何が出てくるんだろうという顔つきで、もうワクワクしてる。扉が開いた瞬間に『ワーッ！』と歓声がわいたんです」

盛岡へ着いた翌二一日、春彦はボランティアのメンバーと一緒に野田村へ向かった。初めて

3.11
いわて

「えほんカー」で絵本を届けたのは野田保育所の園児たちだった。

最初に『おおきなかぶ』を読み聞かせると、子どもたちから「うんとこしょ、どっこいしょ！」と威勢のいい掛け声があがる。その後、園庭へ跳び出すと、子どもたちは「えほんカー」の前で何が起きるのかと待ちかまえていた。

車の両側で扉が上下に開くと、三段の本棚にびっしり絵本が並んでいる。「好きな本を持って帰っていいよ」と声をかけると、子どもたちは嬉しそうに本棚に手を伸ばした。大事そうに一冊の本を選ぶ子もいれば、何冊も抱え込んで得意気に見せる子もいる。

お姫さまの本、うちゅうの本、うんちの本、おさるの本……お気にいりの絵本が見つかると、すぐに開いて読み始める子どもたち。友だちと寄り添って読んだり、一人で静かに読んでいたり……。『もったいないばあさん』を抱えた女の子はピースサイン。『おばあちゃんといつもいっしょ』を見つけた男の子はにっこり笑って、小さな手でハイタッチ。「ぼく、この本、四歳のときから大好きだったんだ」と言って、『ぐりとぐら』を抱きしめているのは五歳の男の子だ。

「えほんカー」が子どもたちに届けたのは、自分で本棚から絵本を選べる喜びでもあった。その後、改良を重ねて、六号車まで製作された。車輪は雪道でも走れるような四輪駆動に、側面はより雨から守られる一枚扉に。さらに頼もしく、子どもたちに優しい「えほんカー」が東北の街を走っている。

3.11
絵本プロジェクト
いわて

第7章

子どもたちの笑顔が待っていた

「子どもの元気は大人の元気につながる。だからこそ、ここにいる大人が盛りあげよう！」

震災から二カ月が過ぎようとする五月五日、山田八幡宮の佐藤明徳宮司は晴れやかな笑顔で境内に集まった人たちに挨拶した。この日、山田町の子どもたちの成長を祝って開かれたお祭りが、「子供の日 in 山田八幡宮」だ。

神社は高台にあって被害をまぬかれたが、あたりは瓦礫の山が手つかずのまま残り、仮設住宅の建設も遅れている。それでも子どもたちのために楽しいことをしようという佐藤宮司の呼びかけで、境内は一〇〇〇人以上の人たちでにぎわった。

餅つきやゲーム大会、人気の「しまじろう」も登場して、子どもたちのはしゃぐ声が響く。絵本プロジェクトも招かれて、露店のように絵本をずらりと並べた。読み聞かせが始まると、女の子たちが輪になってお話に聞き入る。拝殿脇の階段には『おさるのジョージ』『わすれんぼうのねこ モグ』『えほんをよんで、ローリーポーリー』『ねこのオーランドー』など、動物やモンスターが活躍する絵本も揃い、男の子が夢中になってページをめくっていた。

「お母さんも好きな絵本をどうぞ」と声をかけると、母親たちもゆっくり時間をかけて選んでいく。祖父母に手を引かれてくる子も多く、お祖母ちゃんに「孫に持っていってやりたいけれど、どれがいいかわからないから選んでください」と頼まれる。あいにく曇り空で肌寒い一日だったが、ボランティアの女性たちも心あたたまるひと時を過ごしたという。

「お母さんと子どもであったり、お祖母ちゃんと孫をつないだり、絵本は人と人をつないでくれるんですよね」

当日、山田八幡宮まで車の運転手をつとめたのは、盛岡市議会議員の金沢陽介だ。子どもたちに絵本を届けるためには、盛岡と被災地をつなぐ運転ボランティアの男性たちの支えがあった。金沢も絵本プロジェクトの活動を聞いたときは、すぐに心が動いたという。

「私自身もすごく助けられたんです。絵本によって傷ついた心を癒し、支援を続けていくこと。その先に子どもたちの未来や希望が見えたから……」

子どもたちの笑顔に救われた

震災直後から、金沢も駆り立てられるように支援活動に身を投じた。三月一一日の地震は、翌日に選挙戦に向けた事務所開きをひかえ、周辺の人に挨拶回りをしている最中に起きた。ただちに近くの保育園へ行くと、停電で暖房もつかないなかで園児たちが震えており、事務所に用意していた反射式ストーブと灯油を運んだ。さらに小学校へ行くと、すでに八〇人ほど避難しており、そこへもストーブを届ける。夕方になると、道路は信号も停まっていたので事故が起きないように、交番の警察官や地元のパトロール隊と巡回を始めた。

避難所となった小学校は断水して、電話も不通となって孤立状態にあった。そのため事務所に買い置いてあったヤクルトや菓子類、カップラーメンなどを運ぶ。その際、携帯電話のツイッターだけは通じることがわかり、災害状況を報じる岩手放送に「本宮小学校に避難民八〇人、情報が行かず孤立しています」とメールで伝えると、ラジオで流されて、すぐに消防団が駆けつけた。深夜、事務所へ戻ったところで、ガソリンも不足するだろうと気づく。知り合いのガソリンスタンドに電話して緊急車両へのガソリンを手配すると、市の災害対策本部を訪ねた。

翌日からは避難所回りと夜間のパトロールを続ける。ようやく電気が復旧するなか、知人に「被災地へ救援に行かないか」と声をかけられた。運送用のトラックは用意できると聞き、地元の街づくり集団「ゆいネット盛南」と協力して近隣農家から米や野菜を集める。二トントラックいっぱいに支援物資を積むと、一五日の正午、盛岡を発った。

だが、沿岸部へ向かう県道を二時間ほど走ると、途中で交通規制によって止められた。とりあえずコンビニに停まって思案していると、たまたま東京から救援物資を運んできた車があり、最寄りの警察で許可証を出してくれることを聞いた。遠野の警察署で許可証を発行してもらうと、一路、陸前高田へ。県内でも最多の死者・行方不明者と報じられ、すべて壊滅したといわれる。金沢ははやる思いで車を運転した。

「大学時代からの友人が市長の秘書をしており、彼の安否を確認したかったのです」

山中を走っていくと、気仙川の上流まで瓦礫が流れて来ていた。沿岸部へ近づくほどに惨状は広がり、呆然としながらも陸前高田の市街を目指す。まずは避難所になっている陸前高田第一中学校へ行くと、救援物資は給食センターで集めているといわれた。

そこは市の災害対策本部になっており、市長の姿があった。金沢が友人の安否を問うと、とっさに彼の顔色が変わる。

「いや、残念ながら、今、行方不明になっている……」

憔悴しきった市長の言葉に、それ以上は聞けなかった。

「あのときはもう何が起こっているのか、誰も理解できていないような状況でした。建物や松林まで街はごっそり無くなって、亡くなった人たちの行方もわからない。悲しみに暮れるどころではなかったのでしょう」

震災から四日後、給食センターにはすでに全国から支援物資が届いていたので、釜石を回って知人に物資を差し入れながら盛岡へ戻った。その二日後には、以前陸前高田に赴任していた地元の交番所長から頼まれて、陸前高田の公民館へ届けたり、「ランドセルを送りたい」という母親たちの願いを受け、市内で集めたランドセルを釜石の小学校へ届ける活動にも関わった。

そうして現地へ足を運ぶうち、被災しても支援物資が届く人と届かない人がいることがわかった。避難所にいる人には配給されても、自宅が残った人は遠慮して支援物資ももらえないという声を聞き、個人の家庭に衣類や生活用品を届けた。

一方、活動を続けるなかで、金沢の心中には葛藤も生じていた。

「沿岸部へ行けば、悲惨な状況があり、何もかも失った人たちの苦しみを知る。でも、内陸へ戻れば、普通にご飯を食べて、変わらぬ生活を送れる。そのギャップがあって、盛岡にいると自分はこんな生活をしていていいのかと思ってしまうのです。被災地の中でも、避難所の人と家にいる人の間に格差があり、そういう状況を見るほどにストレスが溜まっていく。自分自身も何かに追い詰められるようでした」

その最中、中央公民館の館長、坂田から電話があった。被災地へ絵本を届けるため、「車を用意してもらえないか」と頼まれる。選挙活動で使うワゴン車があったので、それを出すことになり、「私が運転していきましょう」と申し出た。

四月一六日、初めて訪れたのは大船渡市の綾里保育所だった。子どもたちは目を輝かせて、お話を聞いている。さらに自分で絵本を選ぶと、「この本、前に持ってた！」と嬉しそうに抱えていたり、さんざん迷っていたり。

「子どもたちの笑顔を見ていたら、自分まで癒された。この子たちを支援することで、種を植えて水をやり、花が咲くような楽しみもある。すごく希望をもてたので、私も救われたのです」

自分にも一歳と五歳になる二人の息子がいた。ちょうど家でも絵本をよく読み聞かせていたので、なおのこと子どもたちのことが気にかかる。仕事の合間をぬっては、車の運転手をつとめた。

移動図書館車のようなもので運びたいという話が出たときも、真っ先に思い浮かんだのは「となりのトトロ」の「ネコバス」だった。

「楽しい音楽を流しながら、被災地を応援する声も届けられたらいいなと。そんな夢にもつながっていったのです」

「えほんカー」が完成すると、さっそく宮古の小学校や児童館、保育所まで運転した。軽自動車なので、絵本をびっしり積むとハンドルが重くなる。それでも「えほんカー」で絵本を届けると、子どもたちの表情はまるで違っていた。

「『ワーッ!』と飛び出てきて、好きな絵本が見つかると、ベンチに座り込んで読み始める。とってもほほえましいんです」

震災直後から被災地へ通ってきた金沢にとって、時に惑いながらも活動を続ける支えになったのは、やはり亡き友人への思いがあった。

岩手大の同級生だった彼とは互いに家庭をもってからも親しくつきあい、仕事でも励まし合ってきた。金沢が市役所の職員から市議選に出たときは、ひょっこり事務所を訪れて、演説の草案を一緒に考えてくれた。彼も陸前高田市の職員をつとめ、震災直後は市役所へ来た住民を誘導するなかで、津波に飲まれたと聞く。五月初めには同級生たちと彼の墓参りをした。

「街の人を助けたい一心だったと思うと、彼らしい死に様かもしれないと納得できた。あとは俺が頑張る姿を見ることで、彼も喜んでくれるんじゃないかと思ったのです」

はい、こちらおばけです
CUTE PARADISE
SWEET

かつて阪神淡路大震災のときも、翌日から盛岡の街頭に立って募金活動をした。兵庫は生まれ故郷で、一カ月後に現地へ届けた。そこで凄惨な光景を目の当たりにし、避難所で見知らぬ者どうしが暮らす厳しさを知る。市政で街づくりに取り組んできただけに、金沢もまた自分にできることを模索してきた。

「被災地へ何か支援したくとも、それぞれの立場でできないことがある。だから、その思いを汲んで、自分が届ける役目を背負ってきたように思うのです」

公民館が果たす役割

絵本プロジェクトを支援する大きな役割を果たしたのは、NPO法人「いわてアートサポートセンター」だった。中央公民館館長の坂田裕一が副理事長をつとめ、演劇や音楽、美術など、さまざまな文化活動をするメンバーで組織されている。

最初は絵本の届け先をどう探していいかわからず、その情報収集には演劇仲間のネットワークが役立った。宮古出身の俳優、盛合直人は現地を視察する際に案内役をし、絵本を必要としている小学校を探してくれた。盛岡で社会教育主事をつとめる大森健一や久慈市の小室好司は、陸前高田から釜石、久慈にいたる沿岸部の届け先を見つけてくれたのである。

運転ボランティアを快く引き受けてくれた男性たち、中には自身も被災した人がいた。小学校へ大量に本を運ぶときは、舞台会社アクト・ディバイスのトラックで出動した。震災直後から夏場にかけて、地元ではイベントが中止となり、舞台照明や音響の仕事もキャンセルが相次いだ。そのため音響機材や照明器具を運ぶトラックが空いており、運転手もつけて貸してくれたのだ。

「えほんカー」の一号車が完成すると、続いて五台を追加で発注した。その資金となる郵便寄付金の助成申請をしたのも「いわてアートサポートセンター」だ。申請には県知事の推薦状が必要なので、坂田は元上司で、岩手県文化振興事業団の理事長をつとめている池田克典に橋渡し役をお願いした。

「僕の役割は、やはり人と人をつなぐことなんだよね」

にこやかにほほ笑む坂田は岩手に生まれ育ち、郷土の文化や人に寄せる思いはひとしお深い。ことに一〇代半ばの多感な時期を過ごした陸前高田には多くの友人たちがいた。震災後に訪れたのは四月二四日。ＪＢＢＹの関係者を案内し、初めて現地の被害を目にした。

「思い出も壊されてしまうような衝撃だった。もはや目印になるものもなく、まったく道がわからなかったんです」

旧友に案内してもらい、絵本を届けたのは高田保育所。中学時代の同級生が園長をつとめ、建物はすべて流されたため仮の園舎で保育を再開していた。もとの園舎は小学校の下手にあり、地震後は津波に追われるように、保育所にいた園児を小学生について山側へ避難させた。

幼い子どもを守ろうと懸命に尽くした職員たち。廃墟となった街をあとにすると、ふと心に湧きあがるものがあった。

「これは、他人事じゃないんだ……」

自分も陸前高田に住み続けていたら、この街で何をしていただろう。震災当日、盛岡でも地震の被害はあったが、中央公民館に避難してくる人はいなかった。館長としては、市民との関わりが薄いからなのかと自責の念にもかられていた。

「公民館は市民活動を支えたり、盛りあげていくところじゃないか。ここで絵本プロジェクトが立ち上り、多くの人が立場を越えて集まったのは財産だと思うし、こういう活動を伝えていくことが中央公民館の役割なのだとあらためて思ったのです」

絵本を通じて、地域の関わりや新しい絆を結ぶことができれば――。坂田はそんな思いで、プロジェクトの活動を被災地で教育に携わる知人たちに伝えていく。その一人が、山田町立山田南小学校の校長、佐賀敏子である。

佐賀はかつてモダンダンスを踊っており、当時、所属していた舞踊団の舞台監督をつとめていたのが坂田だった。その後、しばらく連絡は途絶えていたが、震災後の五月半ば、突然、佐賀のもとへ坂田から電話があった。中央公民館で絵本プロジェクトの活動をしていることを知らされ、「絵本はいかがですか」と聞かれる。

佐賀は「ぜひ、お願いします」と即答した。

「この時期に子どもたちの心を慰めてくれるのは、絵本だろうなと思っていたのです」

山田南小学校に佐賀を訪ねると、校長室の壁には震災後に変転した児童との日々を物語る写真が並んでいた。住民の避難所になった校舎、新学期に登校してきた子どもたちの不安げな顔、再開された授業風景……一枚一枚をたどりながら、佐賀の回想は震災当時へさかのぼる。

学校中が図書館になった

山田湾に面した沿岸部には住宅や商店が連なり、さらに奥まった高台の地に山田南小学校がある。あの日は巨大な揺れがおさまると、ただちに三〇二人の児童を校庭に避難させた。近所の人たちも次々避難してきたので、校庭はごった返していく。その中に小型ラジオを持った人がいて、「津波警報が出てるよ！」と知らされる。だが、地区の防災無線は切れていて、津波警報が流れなかった。

校庭へ車で逃げてくる住民も増え、教員らは「危ないから避けようね」と呼びかけながら、子どもたちの身を守るのに必死だった。

校舎は海岸から二キロほど離れ、沿岸の様子は見えない。

「途中に線路があり、その踏切よりこっちの方へは津波が来ないという地元の言い伝えがあったのです。まさかそれも越えて来るとは、誰も思っていなくて……」

津波はその踏切も越えて押し寄せ、かろうじて二〇〇メートルほど手前で止まった。校舎は被害をまぬかれ、隣接する武道施設と幼稚園の建物もあわせて「山田南小学校避難所」となる。体育館には津波で壊滅した地域の住民も逃げてきて、混乱をきわめた。

保健室には被災した病院のスタッフが避難していたので、救出された人や怪我を負った人たちが毛布に包まれて運ばれてくる。緊急車両で搬送される患者も後を絶たない。他県からの災害医療チームが駆けつけ、救命救急ヘリも着陸した。一階の廊下は待合室に、他の教室も診察室や入院病棟に代わった。

「患者さんが多いときは三階まで使い、総合病院と化していました。消防署も被災したので、職員室の一角は消防本部に。町の中枢機能がここへ集まったのです」

震災当日は二三人の教職員がいて、女性は子どもたちの世話をし、男性たちは避難所の手伝いにまわる。夕方になると保護者がぽつぽつ迎えに来て、最終的には六〇人ほどの子どもたちが残った。

ところが、その夜、町の中心部で火災が発生した。漂着したプロパンガスや自動車のガソリンに引火して、一気に燃え広がったのだ。瓦礫で道路は寸断され、断水していたため消防車も出動できない。火の手は学校近くまで迫ってきた。

「学校には火が移らないようにしますから」

地元の消防団が駆けつけたが、向かいの山林に燃え移っていく。夜空に月は出ていても、雪がしんしんと降っていた。火の粉をあげて燃えあがる山林を見ながら、子どもたちも怯えている。佐賀はなんとか無事に夜を明かすため、職員たちを陣頭指揮した。

「子どもたちを暖かい場所へ入れたかったんです。うちの体育館はもう地域の方でいっぱいだったので、ここは難しいだろうと。でも、二階や三階の教室へあげるのは、また大きな地震が来たらと思うと、怖ろしかった。隣の幼稚園のホールはまだ暖かかったので、子どもたちのために借りました」

津波のうえに火災の被害も加わり、町役場と連絡がつかない。最初の三日間は教職員ですべて対応せざるをえなかった。佐賀は盛岡にいる家族と離れて単身だったので、そのまま学校で子どもたちの世話に追われる。停電が続いてテレビなどの情報は入らず、パソコンで津波の映像を見たのは一週間後だった。

体育館の避難者は一一二〇人までふくらみ、学校再開の目途はたたない。それでも地元の医師たちが医療チームの移動、撤退を促し、四月二〇日に再開されることが決まる。町内で被災しなかった二校の職員が掃除を手伝ってくれ、慌ただしく準備を進めた。

「子どもたちが登校してくるという目標があったので、心の張りもありましたね」

新学期の始業式には、二七〇人ほどの児童が登校した。体育館に避難している子も多かったので、「行ってきます」と体育館から校庭へ出て、また児童玄関から「おはようございます」と入って来る。翌日には入学式で新入生を迎えた。

「子どもたちは喜んで来たのですが、嬉しそうにしていても顔つきはやはり暗く、とても不安そうな表情でした」

とにかく子どもたちを元気にしたいという思いから、学校行事ではスポーツ・フェスティバルや伝承活動の虎舞発表会などを企画し、地域の人たちも招いた。一方、授業を再開するにあたっては、給食の問題があった。山田町ではもとより給食がなく、お弁当を持参していた。だが、避難生活では親もお弁当をつくれず、午前中に五時限の授業を詰めるという時間割を五月半ばまで行った。その後支援の弁当が町内の学校に届いたので、平常時程に戻すことができた。

そんな毎日に追われるなか、ふと思い立ったのが「いのちの授業」だ。もともと三月の卒業式前に読んであげようと思っていた、『いのちのまつり』という絵本があった。ちょうど震災の前日に届き、そのままになっていたが、佐賀はこの本をもとに指導案をつくる。五月に入ると、学年ごとに図書館で授業を行った。

「ぼうやにいのちをくれた人は誰ね～?」

「それは……お父さんとお母さん?」

「そうだねえ。いのちをくれた人をご先祖さまと言うんだよ」……

「ねえ、おばあさん、ぼくのご先祖さまって何人いるの?」……

コウちゃんは指をおって、数えてみることにしました。……

佐賀が絵本の読み聞かせを通して伝えたかったのは、「いのち」の尊さだ。

「一人のいのちはご先祖さまからもらった、すごく大切なもの。実はいろんな人の命がつながって、今、生きているんだよと。だから、生き残った自分のいのちは大切なのだということを伝えたかったのです」

津波で多大な人の命が奪われ、子どもたちの中には家族を亡くした子もいる。長引く避難生活で不安を抱え、人との関わりでもストレスはつのる。そんな子どもたちに、少しでも生きる希望をもってほしい、不安な気持ちをときほぐすことができればと、自ら専門とする舞踊も取り入れて、子どもたちの表現活動につなげていく。運動する場もないなかで、のびやかに気持ちを表現する楽しさを体感させたいと、図書室いっぱいを使って身体を動かした。

「子どもたちがあんなに笑顔で動くのはしばらくぶりでした。身体の動きだけでも心のキャッチボールができる。そうして人と人がつながりあうことを感じてほしい。だから、今やらなければという思いでしたね」

佐賀が山田南小学校に着任したのは前年の二〇一〇年四月。しかも校長になって一年目がまもなく終わろうとする翌年三月、全校生徒の通知表にハンコを押している最中に震災に見舞われたという。

かつて盛岡での教員時代には図書館教育に力を入れ、山田南小でも取り組み始めた矢先だった。教員たちも協力的で、被災した子どもたちのために図書館に居場所をつくろうということになった。震災翌日には図書館を開放して、折り紙やお絵描きコーナーを設ける。毎日昼過ぎには「一時だョ！　全員集合」と呼びかけ、アニメーションなどのＤＶＤを上映。避難所や近所の子たちが三〇人ほど集まってきた。それでも書架には新しい本が少なく、すぐ読み飽きてしまう。避難所には支援物資として本が届くが、古いものは子どもたちも手に取らない。そんなときに盛岡市中央公民館の坂田から電話があった。

「絵本プロジェクトと聞いて、その新しい響きに惹かれました。子どもに届けたいという思いが込められた絵本はどんなものかという興味もあって、うちの子どもたちに読んでもらいたいと思ったのです」

小学校に本が届くのは五月二五日。佐賀はあらかじめ六年生にこう頼んでいた。

「たくさんの絵本が届くから、みんなで図書室まであげてちょうだい」

当日、玄関で待ちかまえていると、絵本を五〇冊ずつ詰めたコンテナケースがどんどん運ばれてくる。届いた本の数は一八〇〇冊。六年生の子どもたちは喜んで、次々に図書館へ持っていく。その後、教員たちがケースを学年ごとに分けると、各教室へ届けられた。

「子どもたちは『ワーッ！』と歓声をあげました。きれいな水色のケースに入った新しい本は、嬉しいプレゼントだったんですね」

絵本のプレゼントは、母親たちの心も潤すことになった。学校へ本が届いた頃、佐賀は図書館で整理する手伝いをしてくれる人をつのったのである。かねてから山田南小でも図書ボランティアを立ち上げようとしていたが、なかなか進まない。震災後はもはやそれどころではなかったが、PTAの女性たちが進んで声をかけてくれた。

津波で家や仕事を失くして鬱々と過ごしていたり、家族を亡くして傷心の人もいる。それでも「学校へおいで、おいで」と誘うと、一〇人以上集まった。図書館で本にシールを貼ったり、仕分けの作業をしながら、女どうしの会話もはずむ。

「家で泣いてばかりいるお母さんにも声をかけてくださって。でも、自分の悩みを話したり、心通いあうことで、お母さんたちには癒される場にもなったようです」

佐賀にとっても懐かしい絵本にふれることは楽しかったという。子育てのときはよく読み聞かせをしたが、いつも途中で疲れて寝てしまう。すると、手から落ちた本の角が横にいる子にぶつかって、「子どもには怖ろしい時間だったと思います」と苦笑する。

それでも親子で過ごす時間はかけがえがない。学校に本が増えたことで、「親子読書」も再開した。子どもが選んだ本を家へ持ち帰り、一緒に読む取り組みだ。

「今はまだ復興で精一杯ですけれど、ゆくゆくは図書ボランティアも育んでいければと願っているんです」

校内をめぐると、各教室の外に洒落た本箱が置かれている。地元の大工さんが製作したオリジナルの「ブックトラック」だ。もとは被災して仕事を失くした大工さんが学校へ派遣されたとき、校長室用の本箱を廃材でつくってもらった。さらに絵本プロジェクトの本が届くと、より多様に活用できないかと考えて、キャスター付きの本箱を思いつく。廊下に置けば簡単に動かせるので、クラスどうしで交換することで、また新しい本に出会える。移動式の「学級文庫」というユニークな試みだ。

休み時間には廊下のあちこちで本を手に取る姿を見かける。まさに学校中が図書館となり、そんな子どもたちを佐賀も愛しげに見守っていた。

第8章

二三二万冊の絵本に込められたメッセージ

はじめて被災地の子どもたちに本を届けた日、末盛は廃墟となった山田駅で若き僧侶と出会い、ずっと忘れがたく思っていた。

瓦礫で埋もれた町を歩き、自分にできることは「祈ることしかない」と、雪降る駅舎にたたずむ姿。そっとカメラにおさめた末盛は、その夜、八幡平の家に戻ると、一枚の写真を皇后様にお送りした。すると、すぐお電話をいただき、「もう現地へ入ったのね」と様子を聞かれる。末盛はその僧侶が、まだ遺体があるに違いない海に向かって深々とお辞儀していたことを伝え、沿岸の惨状を報告した。

皇后様は子どもたちの様子をことのほか案じられている。

「私のところにも手元に二冊ずつある本が幾つかあるから、それを送ろうかしら」

のちに末盛のもとへ届いたのは、二冊の絵本。龍になって北の湖にすむ母を訪ねて旅に出る『龍の子太郎』と、ひな祭りをめぐる母と娘の清々しいふれあいを描いた『三月ひなのつき』だった。

その後、皇后様は天皇陛下とともに首都圏で避難所となっているところから慰問を始められ、やがて岩手、宮城、福島へと足を運ばれてきた。沿岸の被災地では海に向かって黙祷を捧げ、避難所で過ごす人たちの声に耳を傾けられる。絵本プロジェクトへも、折にふれて子どもの本が送られてきた。その一冊一冊に、たえず遠く離れた子どもたちに想いを寄せる、あたたかな真心が込められているのだった。

皇后様から託されたこと

〈ことり〉

そらの
しずく？

うたの
つぼみ？

目でなら
さわっても

いい?

〈A LITTLE BIRD〉

A dewdrop
from the sky?

A bud
of a song?

May I touch you
Just with my eye?

それは空にまたたく小さな星をちりばめたような詩集である。まど・みちおの詩を皇后様が英訳された『どうぶつたち』。その編集を手がけたのが末盛だった。

出版にいたるきっかけは、一九九〇年にさかのぼる。この年、JBBY(日本国際児童図書評議会)は、国際アンデルセン賞の日本代表として、詩人のまど・みちおを推薦した。

国際アンデルセン賞とは、子どもの本に貢献してきたと認められる現存の作家および画家の全業績に対して贈られるもの。一九五六年にＩＢＢＹ（国際児童図書評議会）の総会で設立され、二年おきに開催される世界大会で授与されてきた。「児童文学のノーベル賞」といわれ、日本人では八〇年に赤羽末吉、八四年に安野光雅が画家賞を受賞していた。だが、日本では子どもの文学で翻訳されたものはほとんどなく、国際的に知られている作品もなかった。

まどを推薦するにあたり、前年夏にはＪＢＢＹの猪熊葉子会長が皇后様に翻訳をお願いしていた。皇后様も歌を詠まれ、すでに詩の英訳では優れた作品を発表されていた。折しも昭和から平成へと時代が変わり、多忙を極められていたが、公務の合間をぬって翻訳にかかられる。夏が終わる頃、まどの何冊もの作品集の中から二〇篇を選び、自ら構成されて『どうぶつたち』という手作りの小冊子をまとめられた。アリやトンボ、シマウマ、キリン、ぞうさん……この地球にいるさまざまな生き物を慈しむ和英対訳の詩集は、国際アンデルセン賞の審査員の数だけ複製されて、海外へ送られたのである。

審査の結果、選にはもれたが、当時のＩＢＢＹ世界大会の委員長マーガレット・マッケルダリーの目にとまった。児童書の大御所的編集者であるマッケルダリーは手作りの翻訳詩集『どうぶつたち』を読み、アメリカでの出版を考え始める。さらに日本の出版社と共同出版する運びとなり、「すえもりブックス」に託された。

「皇后様とお仕事するのはおそれ多いけれど、それが人生の流れであるなら、自分のつとめとして受けようと思ったのです」

親しい友人でＩＢＢＹ理事をつとめる島多代に説得され、末盛も心を決めた。自ら編集を手がけ、島とともに安野光雅に装画を依頼する。皇后様に初めてお会いしたのは、表紙の相談で赤坂御所へ伺ったときだ。まだ新しい宮殿は完成しておらず、お住まいは東宮御所として知られる赤坂御所だった。

『どうぶつたち』が日米で同時出版されると、その新しく出た本に加えて、六〇篇の翻訳詩が国際アンデルセン賞の国際選考委員宛に送られた。九四年三月にコペンハーゲンで開かれた選考委員会で、まど・みちおの受賞が決まる。同年秋、スペインのセビリアで授賞式が行われ、まどは日本人で初めて国際アンデルセン賞の作家賞を授与された。

もとより、皇后様もＩＢＢＹと深い関わりをもたれてきた。戦渦や貧困にある子どもたちに本を手渡し、母と子に奉仕する人たちを支える活動に心を寄せ、九〇年に出版された自著の絵本『はじめてのやまのぼり』の印税の一部をＩＢＢＹに寄付されている。海外へ公式訪問される折には、必ず図書館や児童図書サービスを実施する機関を訪問されてきた。

九八年にはインドのニューデリーで開催される世界大会にぜひにと熱心に招かれ、基調講演をすることになっていた。皇后様はスピーチの準備に取り組まれたが、直前になって、インドの政情不安による懸念から訪問が取りやめられる。インドに迷惑をかけたと気落ちされた皇后様を見かね、末盛はスピーチをビデオ収録して会場で上映できるのではと提案する。すると、翌日、侍従長から電話があり、その手配をＮＨＫに依頼できないものかと相談された。末盛は驚きつつも「わかりました」と答え、亡き夫が勤めていたＮＨＫの上司で元会長の川口幹夫に連絡した。「折り入って……」と事情を打ち明けると、すぐに島とともに放送局を訪ねることになり、総局長もごく少数の限られたメンバーで秘密裏に進めることを了解してくれた。

翌日には皇居の御所で打ち合わせ、末盛もしばらく通いつめた。皇后様はスピーチの原稿を幾度も手直しされ、服装の色合いまで気遣われる。時には自ら末盛に電話をかけ、こまやかに相談された。

収録当日、柔らかなグレーのスーツを召された皇后様は、丹念に推敲された原稿を淡々とよどみなく読まれる。五〇分のスピーチは見事にまとめられた。収録したビデオテープは、九月にニューデリーで開かれたＩＢＢＹ世界大会の基調講演として上映されたのである。

講演のテーマは、「子供の本を通しての平和―子供時代の読書の思い出―」。会場にいた聴衆は皇后様の静謐な語りに魅了される。言語や宗教、文化も異なる人たちにとっても、心に響くメッセージとなった。

「自分に与えられた仕事や身分について、本当に忠実にあろうとする皇后様に接して、私も与えられた仕事を通してできるだけのことをしたいと思ったのです」

ニューデリーから帰国すると、末盛はすぐに皇后様のスピーチを「本にまとめたい」と申し出た。収録にあたったＮＨＫも講演の内容を惜しみ、国内でも放送できないものかと宮内庁に許可を求め、日本語版と英語版のビデオが全テレビ局に渡される。放映は大きな反響を呼び、ぜひ書物で読みたいという要望も多く、講演録として出版することになった。

末盛が安野光雅に装画を頼むと、安野は皇后様のスピーチから「麦の穂を風が渡っていく」ような印象を受けたという。思えば、収録の当日、皇后様が胸もとを飾られたのも麦の穂をかたどったブローチだった。それは結婚記念日にご両親から贈られたものと聞く。安野は本の表紙を風にそよぐ淡い緑の麦穂で彩り、末盛はその背に『橋をかける BUILDING BRIDGES』とタイトルをつけた。

子どもと本をつなぐ架け橋に

生まれて以来、人は自分と周囲との間に、一つ一つ橋をかけ、人とも、物ともつながりを深め、それを自分の世界として生きています。この橋がかからなかったり、かけても橋としての機能を果たさなかったり、時として橋をかける意志を失った時、人は孤立し、平和を失います。この橋は外に向かうだけでなく、内にも向かい、自分と自分自身との間にも絶えずかけ続けられ、本当の自分を発見し、自己の確立をうながしていくように思います。

『橋をかける』において、皇后様は〈私にとり、子供時代の読書とは何だったのでしょう〉と顧みて、その思い出をたどられる。

　幼少の頃、一匹のでんでん虫の話を聞かせてもらったことがあるという。そのでんでん虫は、ある日、突然、自分の背中の殻に、悲しみが一杯つまっていることに気づき、友だちを訪ねると、「もう生きていけないのではないか」、と自分の背負っている不幸を話す。すると、「それはあなただけではない。私の背中の殻にも、悲しみは一杯つまっている」といわれ、別の友だちを訪ねても答えは同じ。でんでん虫はようやく、悲しみは誰でも持っているのだということに気づき、「自分だけではないのだ、私は、私の悲しみをこらえていかなければならない」と、嘆くのをやめたのだった。

　皇后様にとって、初めて悲しみというものに思いをめぐらすことになった新美南吉の「でんでんむしのかなしみ」。疎開中には、父親が東京から持ってきてくれた日本の神話伝説や世界名作選を惜しむように読んでいたこと……。

　そこで本から与えられた楽しみや喜びがあり、悲しみや苦しみにも思いをはせる。それが自分の「根」となり、ある時は豊かな想像力を育み、自分の世界を少しずつ広げて育っていくときに助けとなってくれた。だからこそ、子どもと本を結ぶことの大切さを皇后様は伝える。

子供達が、自分の中に、しっかりとした根を持つために
子供達が、喜びと想像の強い翼を持つために

子供達が、痛みを伴う愛を知るために
そして、子供達が人生の複雑さに耐え、それぞれに与えられた人生を受け入れて生き、やがて一人一人、私共全てのふるさとであるこの地球で、平和の道具となっていくために。

子どもたちに寄せる皇后様の言葉を本にまとめる者として、末盛もまた自分に託された使命を胸に秘めてきた。それが、震災後、子どもと本をつなぐ「架け橋」をになう意思の源にもなっている。

御所から送られてきた本の中には、手を尽くして探されたという六冊シリーズの童話全集がある。それは皇后様も幼い頃に親しまれた「でんでんむしのかなしみ」をおさめる『校定・新美南吉全集』であった。

絵本に添えられた手紙から

絵本プロジェクトの活動をスタートして半年、九月末までに全国から二三万冊を超える絵本が届いた。延べ二〇〇〇人以上のボランティアが作業に携わり、開梱したダンボール箱の数は五八〇〇を数える。現地へ届けた絵本は六万二七九五冊、一四七カ所にのぼった。

公民館へ送られてくるのは、子育て中に読み聞かせていた絵本や子どもが好きだった作品など、家庭の本棚で大切にされてきたものが多かった。それでも中には書店から直接送られてくる新品の絵本もあった。

　一関の本屋から届いた荷物には送り主の手紙が添えられていた。花巻に住んでいる年配の男性で、「子どもの本のことは全然わからないから」と本屋へ現金を送り、店員に選んでもらったことが綴られている。その箱には数万円分のきれいな絵本が入っていた。

　自分の好きな絵本は手放せないからと、わざわざ書店やネット通販で注文して送ってくれる人たちもいた。

「アマゾンから届いた箱には『100万回生きたねこ』が一冊だけ入っていました。誰からか名前は書かれていないけれど、送ってくださった方の想いが込められているのでしょう」

　あるときは船乗り、あるときはサーカスの手品使い……と一〇〇万回生まれ変わった猫が、初めて白猫を愛したときに……大人たちにも生きることの意味を問いかけるこの本は、いったいどんな人から送られてきたのだろう。真新しい絵本には作家を偲んだ帯がついており、「佐野洋子さんありがとう」と書かれている。末盛もまた送る人の気持ちに思いをめぐらせた。

　家庭で読まれていた本では同じものが重なることも多く、時代を越えて子どもに愛されてきた作品が揃う。『ぐりとぐら』や『ちいさいおうち』などのロングセラーはもとより、『はらぺこあおむし』なども数百冊と届いた人気の絵本だった。

「子どもたちも新しいものではなく、家で読んでもらっていたり、保育園や幼稚園にあった本が欲しいという。きっと、それを取り戻したいのでしょう」

末盛が岩泉町の保育園を訪ねたときのこと。「自分の好きな本を選んでいいよ」と言われた園児を眺めていたら、隣どうしで「どんな本もらったの？」と互いに自慢げに見せ合う男の子たちがいた。四歳くらいの男の子が、友だちの選んだ本を見て、「この人ってさ、すごくたくさんの本かいてるんだよね」と言う。末盛も驚いて誰の本かと見ると、「わたなべしげお」と書かれていた。

岩泉の保育園では二人の男の子がこんな会話をかわしていた。お昼寝から覚めて、みんなでおやつを食べていたときのこと。

「おまえのうちのおじいさん、宮古に住んでるよね？」

「うん」

「うちのお母さんが行ったことあるんだって。家は大丈夫だったの、流されなかったの？」

「うん、大丈夫だった」

「そう、よかったね」

そしてまた、おやつを食べ始めた二人。それも、三歳ほどの子どもの会話で、「健気でならなかった」と末盛は目を細める。

公民館へ送られてくる絵本の中には、子どもたちからの手紙もあった。


これは僕の好きな本です。きっと君も好きだと思うよ

ct.org/iwate

あどけない文字で書かれたメッセージ。東京・千代田区に住む女性からの手紙には、小学六年生の女の子の名前が記され、〈母代筆〉とあった。

そちらはもう朝晩お寒いかと存じます。震災以来の皆様のご活躍は本当にすばらしく、娘らと遠くから応援させていただいております。このたび娘がある賞をいただき、図書カードも頂戴しました。娘本人が是非「絵本プロジェクト」様でそのカードをお役立ていただきたいと希望しております。小額のカードですが、小学生の娘の気持ちを思っていただき、お納めいただければ幸いでございます。どうぞ宜しくお願いいたします。

プロジェクトに直接参加してお手伝いもできませんのに、申し訳ございません。皆様のお力で娘のいただきましたカードが、お子様方の笑顔につながればと願っております。

プロジェクトご参加の皆様がお元気で、さらなるご活躍されますようお祈り申し上げます。

神奈川の川崎市に住む女性は、郷里への想いを込めて絵本を送ってくれた。

私を育ててくれた岩手県に
私を育ててくれた絵本を送ります。
美しいおはなしが滅びることのないように、

大変な思いをしてくるしいでしょうね
でも、きっと明るい未来がきます。
遠くからず――と応援しています。
むりしないでね。たまには大きく深呼吸してね
日本を元気に～
Love, Dream & Happiness

美しい岩手の空も、海も、
喪われることは絶対にありません。
祈りをこめて。

息子や娘が結婚して家を離れたので、〈大切にとっておいた絵本を送ります〉という母親からの手紙も多かった。さらに札幌市在住の女性からの手紙は、末盛にとって、亡き夫が遺してくれた思い出につながるものだった。NHK時代、末盛憲彦の仕事仲間であった永六輔が絵本プロジェクトの活動を知って、ラジオ番組で紹介してくれたのである。

HBCラジオの永六輔さんの「誰かとどこかで」で
絵本を送りましょうと話されていましたので、とり急ぎ少し送らせて頂きます。
いつも応援する心でいます。
きっと良くなる。必ず良くなると信じて……
NHKTVの「夢であいましょう」も
「ステージ101」も大好きでした。
その方の奥様の呼びかけと伺いました。
あの頃頂いた夢の数々のお返しのつもりです。

「美しい夢を本当に沢山ありがとう」

「心からの感謝を」


事務局の赤沢はこうした送り主の住所や手紙を整理し、お礼状も欠かさず送ってきた。顔は見えずとも、確かにつながれている人との縁の不思議さを、末盛は感じていた。

「全国の人たちがこれほど絵本に信頼をおいていたことに驚いているのです」

絵本の送り主は個人だけでなく、親子や仲間どうしで送られてきたものもある。横浜市の図書館では、東北の子どもたちに本を届けたいと願う母親たちが集まった。そこで立ち上った小さな「プロジェクト」から、約三四〇〇冊の絵本や児童書が届いたのである。

絵本の力を信じて

横浜・元町からバスで本牧通りをゆくと、横浜市中図書館がある。玄関を入ると、子どもの本が並ぶコーナーがあり、学校を終えた子どもたちが静かに絵本や童話を読んでいた。二階の会議室には「モック・プロジェクト」のメンバーが揃い、すっかり打ち解けた空気に包まれている。地域公共施設や保育園、小学校、図書館などで読み聞かせの活動をしている女性たちだ。

最初にプロジェクトの活動を呼びかけた賀谷恭子は、そのいきさつをこう振り返る。

「私も学生時代からよく東北を旅していて、宮沢賢治が好きで花巻も何度か訪ねました。盛岡には親しい友人もいるので、震災のときは連絡が取れずとても不安でした。子どもたちもどうしているかと気掛かりで、避難所へ行って隅っこで本を読んであげられたらと思うけれど、それは叶わない。何かできることがあれば……と考えて、やはり子どもたちのもとに本を届けたいという思いが強くなったのです」

ユニセフで絵本を集めていることを聞き、家にあったものを持っていくと大変な数の本が届いていたが、〝果たしてどこへ送られるのだろう〟と不安も覚える。インターネットで調べるうち、末盛千枝子の呼びかけで「3・11絵本プロジェクトいわて」が立ち上り、絵本を集めていることを知った。盛岡の友人が中央公民館の読書指導員をしていたので連絡すると、「赤沢さんから集合がかかって、今から公民館へ行くの」と言う。三月末のことだった。

「この人たちならば、子どもたちのもとへちゃんと届けてくださるはず。だから、私たちの本は盛岡へ送ろうと決めました」

本を集める場所を考えたとき、賀谷はボランティアで関わっている中図書館の司書に相談した。すると、「場所だけでなく、ぜひ協力しましょう」という返事。司書の蒲原優子も何かできないかと考えていただけに、嬉しい申し出だったという。

「ふだんから子どもと本をつなぐ活動をされているなかで、地域の情報をいただいたり、私たちも勉強になることが多いんです。日頃のおつきあいがあったので、大きく構えることなく自然な流れで進んでいきました」

図書館では、選書や仕分け、おはなしボランティアへの呼びかけ、配送用の箱の準備などの協力を得られることになった。その春、着任した館長の長崎栄一もこんな思いで見守っていたという。

「地域の情報拠点になれればという思いがあったので、すぐに図書館へ相談していただけたことは嬉しかったですね」

図書館の会議室を借りられることになり、賀谷はさっそく友人たちに声をかけた。おはなし会グループの仲間をはじめ、子どもと本をつなぐ活動をしている人たちにメールを送ると、「やろう、やろう！」と返信が来る。翌四月一日には、絵本を集めるための活動をスタート。中図書館のマスコット、馬の「モック」にちなんで「モック・プロジェクト」と名づけた。

図書館の企画展示の日程により、会議室で本を受け付けるのは四月二一日(木)～二四日(日)の四日間に設定する。地域の人たちにプロジェクトの活動を知らせるため、近隣の小学校や図書館、地区センターなどの公共施設にポスターやチラシを置かせてもらった。

子どもの幼稚園時代の絵本サークルの仲間で、中図書館ボランティアの宇都宮日美も立ち上げから関わってきた。

「ずっと読み聞かせをしているので、自分にできることは絵本を送ることしかないなと思っていました。でも、気持ちだけで被災地へ送っても、避難所で邪魔になるんじゃないかと考えたり……。その頃、賀谷さんから『手伝ってくれない？』と連絡をいただき、すぐ飛びついた感じです。小学校へチラシやポスターを持っていくと、校長先生や図書担当の先生も『とても良い活動なので全面的にサポートします』と言われ、チラシは全家庭に配布されました」

手づくりのチラシでは〈本牧から東北の子どもたちに本を届けよう〉と呼びかけた。贈る本は〈〇歳〜一四歳くらいの子ども向け絵本と児童書〉とし、〈お願い〉も付け加えた。

＊絵本や児童書は、受け取った子どもたちが笑顔になり、希望が持てるような内容のものをお願いします。
＊新品でなくてもかまいません。あなたやあなたのお子さんがとても大切で大好きと思える本をお願いします。
＊どんな絵本、児童書がいいか迷われたら、図書館のカウンターでご相談ください。
＊全集や百科事典などはご遠慮ください。
＊傷みのある本や内容によっては、被災地に送らず、中図書館リサイクルコーナーに置かせていただくことになるかもしれませんのであらかじめご了承ください。

地元のタウン情報誌に掲載されたこともあり、受付の初日から次々に本が集まった。届いた本は全ページをチェックして、シミなどの汚れや書き込み、名前が記されていたら、消しゴムや修正液などで消していく。本の端などが汚れていれば、布巾で拭き、紙やすりで磨く。内容もすべて目を通し、津波や大嵐が出てくるような本や傷んでいるものは除けていった。

受付は朝九時三〇分から一二時までの二時間半。ボランティアスタッフはマスクにエプロン姿で黙々と作業を続ける。パートの仕事もあり、参加できるときだけ手伝ったという与安圭子は、皆の熱気に圧倒されたという。

「絵本はたくさん集まってくるけれど、それを選ぶ目はとても厳しいんです。どんなに名作の本でも、ちょっと鉛筆書きが消えなかったり、汚れていたりすると除けられる。本当に良いものを送ろうとしている気持ちが伝わり、受け取る人たちのことをここまで考えているのだと感心しました」

こうして選別した本は、「就学前、低学年、高学年」用に分けたが、さらに送り先で仕分けしやすいように、「〇・一・二歳、三・四・五歳、小学低、小学中、小学高、中学〜」と対象年齢別に細かく分けていく。作業をしながらも、しばし手を休めて絵本に見入ってしまうこともあった。山崎真理は自分の子育て時代を思い返したという。

「子どもに読み聞かせながら、自分も救われたり、子育てで悩んでいるときにホッとするような本がありました。さらに地域の子どもと関わるなかでいろんな本に出会い、私も癒されたり、励まされることが多かったので、自分の経験のなかで少しでもお役に立てる機会を与えてもらったのかなと思えたのです」

ボランティアスタッフの中には、おはなし会の常連である小学生の姉妹も参加していた。小一の妹は受付で預かった本を奥の作業台へ運んでいく。小四の姉は受け取った本を数え、受付に置いた送料支援金募金箱の傍で「こちらも、ご協力よろしくおねがいします」と呼びかける。

母の石渡陽子も小学校で図書ボランティアの活動をしている。

「作業は週末もあったので、『お父さんとお留守番していていいよ』と言うと、子どもたちも『やりたい』とついてきてくれたんです。当日は受付を任せ、私は本の汚れを落としたり、箱詰めしたり。最初は自分にできることがあればというくらいの気持ちでしたが、こんなに大きいプロジェクトに参加しているのだと思うと嬉しかったですね」

もともとプロジェクトを立ち上げたときは、スタッフも「一〇〇〇冊くらい送れるかな」とまるで予測はつかなかった。ところが、初日だけで約一三〇〇冊という本の山に目を見張る。子育て中の母親がベビーカーで訪れ、「この子が好きだったので、お願いします」と一冊だけ持ってきたり、子どもと一緒に選んだという人たちも多かった。年配の男性は大きな書店で「どんな本がいいでしょう」と相談し、勧められた新刊を買ってきたという。図書館のカウンターへ来る人には、「知り合いのお子さんにプレゼントできるものかどうか考えてみられたらどうですか」と司書からもアドバイスした。

「自分は現地へ行けないけれど、よろしくお願いします」

「本を集めてくださって、ありがとうございます！」

本を持ってきてくれた人たちの言葉は、スタッフの励みになる。かつておはなし会に来ていた高校生も大切な本を届けてくれた。最終日には図書館にこんな投書も届いていた。

モックプロジェクト、とてもよい企画で、子供もいつもは絶対すてないと言って、とっておいた絵本を「東北の子たちのためなら」と勇気を出して持ってきました。

年齢や内容によって仕分けされた本はダンボール箱に詰めていく。送り先でもわかりやすいように、マスコットの「モック」が描かれたピンクのラベル二枚に「○歳　○冊」と記し、一枚を外側に貼り、もう一枚は箱の中に入れた。

盛岡への郵送料を事前に支援してくれたのは、地区センターで未就園児に読み聞かせをしているサークルだ。発起人の鹿島牧子は仕事のため作業に参加できなかったが、自宅にあった本を寄贈していた。

「子どもたちが元気になるような本、心に残る本を選びました。子育ての手が離れても、私にはどうしても取っておきたいという本があって、そこから何冊か出したんです。お手伝いは全然できなかったけれど、気持ちだけは届くような気がして。いまだに読み聞かせを続けているのは、自分も離れられないから。本を読んでもらう子どもの顔を見ていると、こちらまで幸せになるんです」

集まった本の中には、ピーターラビットの全巻がきれいに揃ったものなど、家庭で大切に読まれてきたのだろうと思われる宝物のような良書も多かった。その行き先も考えながら箱に詰めていると、「私たちも一緒に夢を見ることができた」とスタッフは言う。

四日間で三〇〇人以上が訪れ、集まった本は五〇〇四冊。そこから選んだ三四〇一冊を五〇箱におさめた。一週間の作業で延べ八七人がボランティアスタッフとして参加。四月二七日には盛岡の中央公民館へ送り、翌日には「今、着きました！」と電話があった。賀谷はホッとする思いで、すぐスタッフ全員に伝えたという。

「私も子育てのなかでさまざまな絵本と出会い、子どもたちも『あの本が大好きだった』と覚えています。『モモ』をもう一度読み返したいとか、『ピッピ』を読んだら元気になると、大人になっても楽しい本で元気づけられたことは忘れない。本当に良い本は時を経ても変わらずあり、長く読み継がれた本がたくさん集まったことも嬉しかったですね」

この日、賀谷は中図書館へ来られなかったスタッフの一人、北村順子からの手紙を預かっていた。震災当日、彼女は日光におり、夫の横浜転勤のための準備をしていたという。その後も原発事故や計画停電などへの不安を抱えながら、三週間後に慌ただしく横浜へ転居。新しい生活に慣れることに精一杯だったが、日々、被災地から悲惨な状況が伝わってくるのを見聞きするにつけ、〝何かしなくては、何かしたい、けれど自分にはできるのか……〟とジレンマを感じる。そんな折、横浜市中図書館のモック・プロジェクトから誘いを受けた。

日光でも絵本に関わる活動を続けていたので、好きなことで被災地を支援できるならと喜んで参加する。その一週間、毎日夢中で作業をしながら、自分も地域の一員になれたように感じたという。その手紙はこう結ばれている。

絵本に出会い、モック・プロジェクトに参加した方たちとつながり、地域とつながり、絵本を通して被災地の方たちとつながっていると思えたことで、不安やジレンマを抱えた私自身が救われていったような気がしました。

人とつながり、地域の中で生きていることを実感した時、それらの全てを失ってしまった被災地の方たちの苦しみを、改めて考えずにはいられませんでした。

私たちが送った絵本が、被災地の方たちの新たな人とのつながり、地域とのつながりとなる一端を担うことができたら、これほど嬉しいことはありません。

絵本には、それだけの力があると信じています。

こうして絵本の力を信じて集まった女性たちの想いは、確かに子どもたちのもとへ届いている。そして、それを担ってきた絵本プロジェクトの活動はさらに新たな形へ広がりつつあった。

第9章

絵本サロンへの道

梅雨の晴れ間の日曜日、中央公民館を訪れると、庭園の木々はまばゆい陽に照らされ、薄紅のスイレンが池を彩っている。アジサイも映える小道をゆくと、ぽつぽつと愛らしい道案内があり、その先に盛岡出身の平民宰相、原敬の別邸茶室を移築した白芳庵がある。簡素で趣ある茶室も、この日ばかりは華やいで見えた。

門前で羽衣をまとった織姫と彦星の和紙人形に迎えられ、木戸を開け放した室内には絵本がずらりと並んでいる。色とりどりの七夕飾りが涼やかで、子どもたちは寛いで絵本を読みふける。星座や海が描かれた美しい洋書を手に取って、ページを繰る母親たち。短冊に「お姫さまになりたい」と願いごとを書いている女の子。梢をそよぐ風は爽やかで、庭先で楽しげに折り紙工作をつくる親子もいた。

震災から一年が過ぎて、公民館で始まった「絵本サロン」のつどい。月初めの一週間に開かれ、四季おりおりの行事や絵本の世界にちなんでテーマが変わる。七月は「星に願いを」と題し、天の川や星座、夏の訪れを思わせる趣向がこらされていた。子どもも、大人も、それぞれの時をゆったり過ごせる空間だった。

「絵本の好きな人が、ほっとできる場所。そんなサロンがあったらいいなと思ったのです」

子どもも大人も訪れる「絵本サロン」——それはプロジェクトの活動が始まって間もない頃から、赤沢のなかで少しずつ温めてきた夢である。

きっかけは、末盛のもとへ届いた手紙にあった。それは末盛がかつて勤めていた至光社の先輩、小林節子からの手紙だった。その人は、素晴らしい経歴の持ち主ではあったが、早くに両親を相次いで亡くした人だった。末盛はそういう哀しみのこもった彼女のまなざしが忘れられなかった。末盛が代官山のクラブヒルサイドのセミナーで絵本プロジェクトの話をした際に再会し、後に岩手へ手紙をくれた。彼女は、今、震災で親を失った子どもたちを案じ、幾らかでもその悲しみを少なくするためには「どうしたらいいのでしょうか?」と問いかけてきた。

末盛はプロジェクトのメンバーにも問いを投げかけ、皆で話し合った。それを聞いた赤沢は「子どもたちに居場所がなければ」と考え、末盛も「絵本カフェ」のようなものをつくれたらと言う。だが、実際に場所を借り、毎日開くことは到底できないだろう。それでも……と思案するなか、事務局にNHK京都放送局から「すえもりブックス」についての問い合わせがあった。京都のカフェの店主が「すえもりブックス」のファンだという。

赤沢は京都へ出かけた折に訪ねると、その店は昼過ぎから夕方までしか営業せず、大人だけをもてなすカフェだ。落ち着いた空間で、好きな絵本を眺めながら、お茶を飲むひと時はことさら心地良かった。さらに名古屋の友人から古い民家を開放したカフェがあると聞いていたので、名古屋で活動報告を企画してもらった折に訪れた。店主は父親が遺した家を守るため、毎月掃除をしながら、月初めの七日間だけカフェを開けていた。

そんな二軒のカフェにヒントを得て、赤沢は公民館でボランティアの女性たちに相談を持ちかける。二〇一一年の暮れのことだった。

「絵本サロンを四月以降やっていきたいと思うので、皆でアイデアを考えてほしいと話したんです。作業する日にポストイットの付箋を置いておき、『なんでもいいから、自分たちがやりたいことを書いてください』と。曜日や時間も合わせて希望を書いてもらい、それを溜めていきました」

すでに荷とき作業は終わり、仕分け作業もほとんどなくなっていた。ボランティアの数もだんだん減っていくが、被災地の状況を思えば、プロジェクトの活動を尻すぼみさせるわけにいかない。「何かできることがあれば、まだお手伝いを続けたい」と言ってくれる人たちもいて、彼女たちの熱意を活かせたらと思う。三月に入ると、皆に書いてもらった意見を同じ項目でまとめ、「荷とき」と「仕分け」班の二人のリーダーに司会を任せ、皆で話し合いをした。

ちょうど同じ頃、赤沢は東京の国立教育政策研究所で絵本プロジェクトについて発表する機会があった。その際、基調講演をした関西学院大の教授の話が心に残っていた。

「これから被災地に必要なのは『試して、伝える』ことだと話され、〝なるほど！〟と閃いたんです。絵本プロジェクトでも、盛岡のボランティアでいろんなアイデアを出しあい、実際に企画して試してみる。そのノウハウを被災地でサロンを運営しようとする人たちに伝えましょうと。そこで『試して、伝える』プロジェクトを立ち上げ、皆にもイメージが湧いてきたんです」

絵本サロンでは毎月のテーマを決めて、それにまつわるイベントをしよう。三月中には年間計画をつくり、ボランティアのメンバーで企画も考える。場所はふだん使っていない茶室を使い、名古屋のカフェにならって月初めの七日間だけ開く。ボランティアの作業も負担にならないよう、担当も月ごとの交代制にする。いよいよ六月のオープンに向けて、本格的に始動したのである。

それに先立って、五月の連休中には、公民館で「プレ・オープン」のイベントを開催した。五月二、三日の二日間、会場は敷地内にある白芳庵を使うことにしていたが、二日目は雨天のため築一五〇年の重要文化財・中村家住宅を使った。風船でつくったカラフルなバルーンアートを飾り、クイズラリーやおはなし会などを開く。二日間で子ども一一五人、大人一七二人が訪れ、とても好評だったので、スタッフの意欲もますます高まった。

絵本サロンができたら

「ボランティアの人たちの動きがすごいんです。どんどん自分たちでアイデアを出し合い、それもポンポンと決まっていきました」

本の開梱作業でも、それぞれの能力を発揮してくれたが、絵本サロンでの活躍ぶりは赤沢も舌をまくほど見事だった。

「荷とき」作業を担った「野の花会」のメンバーは、子育て支援の取り組みとして幼児の託児も手がけてきた。中央公民館事業の「なでしこ幼児家庭教育学級」では、紙芝居や手遊び、読み聞かせなどのプログラムを企画している。「荷とき」班のリーダー、小山田ゆうも、二十数年、子どもたちと関わってきた。

「子どもと一緒に楽しめる手づくりおもちゃや小道具がたくさんあるので、野の花会で持っているものを絵本サロンでも使ってもらおうと思ったんです」

子どもたちに人気の『はらぺこあおむし』は大型の紙芝居にして、発泡スチロール製の動く青虫や手袋でつくった人形もあった。「おばけなんてないさ」の歌に合わせるオバケの衣裳から、「村祭」を演奏するための手づくり太鼓もある。「あおむしダンス」や「よさこいソーラン」など、踊りの振り付けもオリジナルだった。

「野の花会ではボランティアのスタッフが、誰でも、いつからでも参加できるように、マニュアルをつくるんです。絵本サロンでも、毎月の当番はどんな役割があって、作業をどう進めればやりやすいかをマニュアル化し、プリントにして配っています。そうすれば皆で自然に動きながら、それぞれの能力も発揮されていくんですよね」

「ボランティア」といえば「奉仕」と捉えられがちだが、あくまで自発的な活動で、誰かのためと気負うことはない。「きばらず、さりげなく、さわやかに、が合言葉」と小山田はほほ笑む。

そうした「野の花会」の活動は、三五周年を迎えた二〇一二年度を最後に閉じることになった。メンバーも高齢になり、期待に添えるような活動を維持していくのは難しい。小山田のなかでは心残りもあったが、引き際も大切と考えて総会で決まったことだった。

「それでも今までやってきた活動を絵本サロンや被災地で伝えたり、これからもどこかで活かしていけたら嬉しいですね」

絵本プロジェクトに関わったことで、新たな人との出会いもあった。さまざまな個性や特技をもつ人たちが集まって、いい具合にかみ合っている。気心が知れあうなかで、互いに学ぶことも多かった。これまで幼児と過ごす活動をしてきたが、さらに成長していく子どもたちと、より長く関わっていきたいと思うようになった。

「私は子育てが下手だったと思うんです。一所懸命になり過ぎて、親の期待通りに育てようとする〝ガミガミ母さん〟だったから」

ふと洩らす小山田は、子育てに悩む母親たちのことも案じている。

「今、子育てをしているお母さんも一所懸命だとわかるんです。だから、私も自分の子育ての反省を含めて、子どもや母親を支援する活動を続けてきたのでしょう」

一方、「仕分け」班のメンバーは、保育士や図書ボランティア、読み聞かせグループなど、子どもの本と関わっている女性たちだ。絵本サロンでは、絵本と遊びをミックスしたクイズラリーやおはなし会などを企画する。リーダーの坂田真理子は、赤沢から「絵本サロン」を提案されたとき、こんな思いがあった。

「どんな風に被災地に結びついていくかはわからなかったけれど、まず始めてみようと。『試して、伝える』ということだったので、絵本サロンを開くことで、地元の人たちの中でもサロンができればいいなと思ったんです。

あとは絵本がどんなものかを知ってもらいたいという願いもありました。絵本は子どもが見るものと思っている人がたくさんいるけれど、それだけではない絵本の魅力がある。盛岡の人たちにそれを伝えることで、被災地へ届けることの意義を理解してもらえたらと。〝じゃあ、自分たちも現地の人たちに何かできるかもしれない〟と共感してもらい、そこからまた輪が広がればという期待もありました」

五月の「プレ・オープン」のイベントでは、大人たちにも呼びかけ、おじいさんやおばあさんには「見てってくなんせ」と声をかけた。中学生や高校生もサロンに誘うと、「これ読んだことがある」「懐かしいね」と絵本を眺めている。そうして若い世代から年配の人まで絵本にふれてもらえたことが嬉しかったという。

その連休中には前年訪れた山田八幡宮のお祭りにも参加し、絵本サロンで試みたクイズラリーを持っていった。境内に六カ所のポイントを設け、そこにクイズの問題を書いておく。それは絵本のストーリーから出題したもので、本も置いてあるので、その場で読めば答がわかる仕組みだ。六カ所のポイントを回ってゴールにつくと、プレゼントがあり、子どもたちも喜んでくれた。坂田の声は明るくはずむ。

「初めのうちは、どうしたらスムーズにできるかということを常に考えていたけれど、他の人がたくさんアイデアを出してくれるんです。チラシづくりや、紙芝居の絵を描いたりと、自分の得意技を発揮してくれて。最後に残った私はすることがなく、ゆっくり絵本を楽しむ時間ができました」

二〇一二年六月、中央公民館の庭園内にある白芳庵で「絵本サロン」がオープンした。テーマは「いろいろな色がある『エリック・カール』の世界」。エリック・カールはアメリカの絵本作家で、『はらぺこあおむし』は世界的なベストセラーになっている。ユニークな発想と鮮やかな色彩あふれる画風で知られ、『くまさん くまさん なにみてるの?』『パパ、お月さまとって!』『たんじょうびのふしぎなてがみ』など、子どもたちに愛される作品を数多く生み出してきた。

末盛も三〇年前にボローニャのブックフェアで出会い、後にアメリカ、マサチューセッツの自宅とアトリエを訪ねたこともあった。そのときプレゼントされたサイン入り絵本や色見本のキットも展示される。エリック・カールの美術館に友人がいたので、絵本サロンのことを知らせると、本人からメッセージが届いた。さらに被災地支援のために描かれたTシャツも送られてきて、スタッフは揃いのTシャツ姿で訪れた人を迎える。『はらぺこあおむし』の大型紙芝居やハンドパペットの人形劇も盛況だった。

絵本サロンがオープンすると、宮古市から読み聞かせグループ「ぞうさんのミミ」のメンバー八人が訪れた。震災後、絵本プロジェクトから寄贈した「えほんカー」で現地の小学校などを回っていたグループで、メンバーの一人が自宅で文庫を開くことになった。被災地にできる最初の「絵本サロン」だった。

おはなしを聞いてね

「私も子育ての頃はちゃんと読み聞かせをしていなかったんです。だから、五〇代になったとき、忙しいお母さんに代わって絵本の読み聞かせをしようと思い、市の広報で呼びかけたら九人も集まって。そこから本気で勉強し、二〇〇一年に読み聞かせの会を始めました」

最初はチラシ配りから始めたが、「全然、声がかからなくて」と会長の嶋田ひろ子は苦笑する。それでも小学校から学童クラブ、養護学校、高齢者の施設、病院などと広がり、声がかかればどこへでも出かけた。

震災後の三月末には盛岡教育事務所の社会教育主事から携帯に連絡を受けた。「盛岡で絵本プロジェクトが立ち上ったので、宮古では『ぞうさんのミミ』が動いてくれないか」という電話だった。

当時、嶋田は栃木にいる娘の出産で宮古を離れており、帰宅も叶わずにいたが、地元のスタッフに連絡すると「すぐ動きます」と言う。絵本プロジェクトから市立図書館へ送られてくる本の仕分けを手伝い、避難所へ届ける活動に参加した。

　五月の連休には高速道路もほぼ修復されたので、迎えに来てくれた夫の車で岩手へ戻った。夫から現地の惨状は聞いていたが、あまりに変わり果てた宮古の街に衝撃を受ける。自宅は高台にあって被害をまぬかれたが、スタッフの中には家を流された人もいた。仮設住宅へ入った仲間に連絡すると、「私たちは無事だから大丈夫。嶋田さんも頑張って！」と逆に励まされる。

「私は家も流されず、家族も無事だった。ならば、〝自分たちにできることをしなければ……〟と強く思いました」

　最初に絵本を届けたのは、赤前小学校の避難所だった。体育館の中はひどく混乱しており、読み聞かせをするどころではなかった。副校長と話すと、やはり避難所で活動するのはまだ無理だろうといわれ、学校にもさまざまな団体が入ってくるので対応に追われているという状況を知らされた。

　避難所の床には青いシートが敷かれ、ダンボール紙で囲われた狭いスペースで家族が暮らしている。ある避難所では、スタッフの一人が「読み聞かせに来ましたので、よかったら声をかけてください」と個別に回っていると、「私の家に来てください」と小学生の女の子に招かれたという。案内されたのは体育館の中のわずかな一角。「その子はそこが自分の家だと心に言い聞かせ、『私の家で読んでください』と言ったのでしょう。思わず胸が詰まりました」というスタッフの言葉がよみがえった。

どろんこハリー

嶋田にとって心に残るのは、九月初め、宮古湾に面した重茂半島の鵜磯小学校へ行ったときのこと。半島には三つの小学校があり、高台にあった重茂小学校だけが被害をまぬかれた。他の二校は重茂小学校の校舎に間借りして授業を再開しており、そのうちの鵜磯小学校から「読み聞かせに来てほしい」と連絡を受けたのだった。

ちょうど絵本プロジェクトから寄贈されたばかりの「えほんカー」に本を積んで、三人のスタッフで出かけた。それぞれ絵本を持っていき、一人は小さい頃に柿の実をおやつにしていた思い出を自作して読み聞かせ、もう一人は中国の昔話、嶋田は『これはのみのぴこ』を読み聞かせた。

「とにかく子どもたちに元気になってもらいたいと思って、なるべく明るいもの、楽しいものをと心がけていました」

子どもたちに本をプレゼントするため、「えほんカー」には小学生向きの本も積んでいた。皆で校庭へ出て、「えほんカー」の扉を開けたとたん、子どもたちからワッと歓声がわく。「何冊でも好きな本を持っていっていいよ！」と声をかけると、子どもたちは家へ持って帰る本と、自分たちの教室に置いておくものをそれぞれ選んだ。

「子どもたちは、図書館もよその家におじゃまして本を借りているようで、肩身が狭いような気持ちもあったのでしょう。自分たちが自由に読める本を持てたことをすごく喜んだと聞きました。『これ、本当にもらってもいいの？』と大事そうに抱えていく姿を見ていると、やっぱり子どもたちは本が好きなんだなと思いましたね」

「えほんカー」があることで、絵本を届けるフットワークも軽くなった。沿岸部でも高台で無事だった保育所へ行くと、職員にとても喜ばれた。被災した大型施設や小学校はテレビや新聞のニュースで報じられ、東京などの大都市から支援物資が届いたり、いろいろなNPO団体が入ってくる。だが、奥まったところにある小さな保育所などは孤立してしまい、見落とされていることを知った。

建物が流されて小学校の空き教室で再開された保育所でも、最初、絵本は歓迎されたが、次に訪ねると「絵本はどんどん送られてくるから」と断わられることもあった。「ぞうさんのミミ」は一四人で動いていたが、できるだけ支援が届かないところを回ろうと考え、あらかじめ連絡して要望を聞きながら「えほんカー」で出動した。

「私たちも無我夢中だったし、子どもたちの笑顔を見るとなぜか安心するんです。絵本を読み聞かせると、目がキラキラと輝いていく。子どもたちは生きる力をもっているから、こちらが逆に希望を与えられるような感じでしたね」

震災後しばらくは避難所で読み聞かせをしても、床に座ったまま こくりと寝てしまう子も多かった。傍らの大人が起こそうとすると、「気持ちよくて寝たんだと思うから、このままにしておきましょう」と話していたが、やはり疲れているのだろうと思う。子どもながらにも避難所で気遣いながら過ごしていることが不憫でならなかった。

それでも少しずつ落ち着きを取り戻し、しっかりお話を聞くようになった子どもたちを見ながら、あらためて本の大切さを思い知る。絵本プロジェクトの活動に関わるなかで、「ぞうさんのミミ」のメンバーが思い立ったのは文庫を設立すること。

もともと「いつか文庫を開きたい」という夢があった。十数年活動するうちに蔵書は増え、市の施設を借りていた保管場所も確保できなくなって、嶋田の自宅に置いていた。嶋田は一階の部屋を改装して文庫にしようと考え、絵本プロジェクトの赤沢に相談すると、事務局から「支援します」という嬉しい返事が届く。必要なカーペットやカーテン、パソコンなどの備品の費用と絵本を寄贈され、二〇一二年が明けると準備に取りかかった。

その春には盛岡でも「絵本サロン」の企画が進行し、六月にオープンすると、赤沢の招きで八人のメンバーが訪ねた。皆でイベントを体験し、バルーンアートや折り紙などを習って、スタッフどうしの交流をはかる。六月八日には「ぞうさんのミミ」の文庫がオープン。それまでに盛岡のスタッフは看板やメッセージカード、風船などの飾りを用意して、オープンの手伝いに駆けつけたのである。

「ぞうさんのミミ」の文庫は、毎月第二金曜日と第四土曜日に開かれている。十畳間の壁には絵本や児童書がずらりと揃うカラフルな本棚があり、子どもたちは床に寝ころがって気ままに本を読んでいる。お楽しみはやはり、読み聞かせの時間だ。

「読み聞かせをすることによって、子どもたちと同じ時間を共有できる。子どもたちはニコッと笑ったり、ため息をついたり、そんな様子を見るのも嬉しくて、私たちもおはなしの世界を一緒に楽しませてもらっているんです」

読み聞かせの活動は保育園や小学校だけでなく、認知症のグループホームや病院の緩和ケア病棟などへも定期的に通っている。絵本を介して会話が生まれ、交流の場も広がっていく。今は仮設住宅に閉じこもりがちな人たちが気がかりで、集会所を訪ねては「読み聞かせに来ますから」と声をかけていた。

子どもだけでなく、大人たちにも絵本の世界に親しんでほしいと願う「ぞうさんのミミ」のスタッフ。だから、「みんな、耳を大きくして、おはなしを聞いてね」と呼びかける。

ボランティアの力

被災地に絵本サロンの〝種〟をまこう――。

宮古で誕生した小さな「絵本サロン」をはじめ、被災した地でも少しずつ芽が出始めている。六台つくった「えほんカー」は、宮古市、大槌町、釜石市、大船渡市、普代村に寄贈され、子どもたちに絵本を届けに走り回っていた。

さらに被災地支援活動のイベントとして始まったのが、「出張絵本サロン」だ。「えほんカー」に本を積んで、「絵本サロン」のイベントを各地へ運んでいく。九月には野田村で「はらぺこあおむし」の紙芝居やおはなし会などのイベントを開いた。一二月には盛岡市内のイオンモールのフロアを借りて、「クリスマス！ クリスマス!! クリスマス」をテーマに開催。お楽しみ工作コーナーでは「飛び出すクリスマスカード」と「アンデルセンのハートのオーナメント」をつくる。小さな子どもたちも大喜びだった。

「絵本プロジェクトチームは、本当にひとつになったなと思いますね。皆、居心地がよくて集まってくる。ボランティアの人たちも楽しみにしているサロンなんです」

事務局でチームの活動をまとめてきた赤沢は、そんなスタッフを微笑ましく見守っている。絵本サロンでも、訪れる人がいないときは、スタッフどうしでおしゃべりがはずむ。サロンには「すえもりさんの本だなから」というコーナーがあり、末盛が所蔵する貴重な絵本や美しい洋書の数々が並ぶ。ゆったり絵本を読んだり、大人向けの読み聞かせを楽しんだりと、スタッフにとっても寛げるサロンになっている。

今も週一度の活動日には一五人ほど参加し、サロンの初日には二〇人以上が集まる。ボランティアのスタッフは登録制にして、名簿をつくって互いに連絡を取り合っている。最初はそれぞれグループでの参加が多かったが、その枠を超えて親睦を深めてきた。

長年、市の職員として女性支援にも取り組んできた赤沢は、自身も子育てと仕事を両立しながら、女性たちの想いを受けとめてきた。女性情報紙の編集に携わったときは、ボランティアの主婦たちと仕事をするなかで、彼女たちが働きやすい時間や環境づくりに努めた。

絵本プロジェクトの活動でもボランティアのメンバーに気持ちよく働いてもらうため、無理のない作業システムや情報共有を心がける。時おり様子を見ては声をかけ、「おやじギャグにものってもらいました」と朗らかに笑う。

「女性たちの力がなければできなかったこと。とにかく大事にしたいと思ったのです」

本が詰まるダンボール箱を扱う作業は重労働で、肩や腰を痛める人も相次いだ。それでも通ってくれる人にはその場でできる作業をしてもらう。やがて仕分けする本もほぼ無くなったときには、少し活動を休んだ時期もあったが、「かえって体調が悪くなった」という人までいた。そこで思い浮かんだのが「絵本サロン」だ。一年間に企画したアイデアをもって被災地へ出張し、地元の人たちにも人がつどい寛げるサロンを体験してもらえたら、「絵本サロンの〝種〟もまけるのでは」と考えたのである。

「被災地では復興計画もなかなか決まらず、街づくりは進んでいません。それができるまで一〇年はかかるだろうと思うと、プロジェクトの活動もあと一〇年は続けなければと。その先に灯りが見えるまでは被災地の人たちに寄り添っていたい。『私たちはあなたたちを忘れていません』というメッセージを送り続ける必要があるのです。そのためにはプロジェクトを続けていかなければならないと覚悟を決めました」

絵本プロジェクトを立ち上げた頃は事務局の実務を抱え込み、心が重くなっていく自分もいた。だが、初めて訪れた宮古の保育園で子どもたちの笑顔に救われたと洩らす。最初は被災地へ絵本を届けられれば自分の役割も終わると思っていたが、現地の状況を見るほどに、「ここで活動をやめるわけにはいかない」と心が決まる。まもなく退職のときを迎える赤沢にとって、その覚悟を支えてくれたのは、やはりボランティアの女性たちだ。

「自分も何かできることはないかと思い、声をかけてもらったのがこのプロジェクトでした。皆の支えがあってここまで続けてこられたことはすごく幸せなことだったのです……」

希望の家に届けたい

震災直後、絵本編集者の末盛千枝子の呼びかけで始まった「3・11絵本プロジェクトいわて」。その呼びかけを受けて、東京・代官山のクラブヒルサイドで広報活動を担ったのが前田礼だった。末盛の絵本セミナーを企画したことが縁となり、ヒルサイドテラスで毎年開催される「代官山フェスティバル 猿楽祭」にも盛岡から絵本プロジェクトのスタッフが参加してきた。

前年に引き続き、二〇一二年一〇月には「えほんカー」の二号車に絵本を積んで駆けつけ、館内に展示された。クイズラリーやおはなし会、指人形劇など、スタッフのこまやかな企画に人気があつまる。読み聞かせが始まると夢中になって、その場を離れない子どもたちもいる。一年半にわたる活動の記録も紹介され、大人たちが熱心に見ていた。

「絵本プロジェクトの方たちが来てくださることで、地元の住民も地域の防災を考えます。街づくりをするうえでは、皆で助け合っていくための関係を築くことが欠かせない。そのことを忘れず、被災地のことを忘れないためにも、毎年こうして来てくださることがありがたいのです」

その翌月、前田のもとに、末盛のセミナーのファンである槇操から突然の電話があり、ヒルサイドテラスへ訪ねてきた。

彼女の夫、槇文彦はヒルサイドテラスの設計者で、京都国立近代美術館、幕張メッセなど、モダニズム建築で世界的に名を馳せる建築家である。槇が設計した「希望の家」という、お年寄りと子どものための施設が宮城県の名取市に一一月初めにオープンしたという。

槇はドイツの財団の依頼により無償で設計を引き受けた。小さいながらも温もりのある素敵なスペースで、そこに「末盛さんたちのお力を借りて、絵本サロンのようなものができないだろうか」と相談してきたのだった。槇操は、末盛の至光社時代の先輩で絵本サロンの発案につながる手紙を送った小林節子の親友でもある。二人で話しているうちに、そのアイデアが出てきたようだった。

「節ちゃんは絵本を読んだ子どもたちが、立派に育ってくれるような、そういう場をつくりたいと言っている。それをぜひここで実現したいの」

前田が末盛に相談したところ、事務局の赤沢にその話が伝えられた。すると、「絵本プロジェクトの中心メンバーだった庄子陽子が宮城県に転居しているので、「なんとかなるのではないか」と話がまとまり、一二月に赤沢と庄子が名取を訪れることになったのである。

「希望の家」は、かつて槇文彦が設計した名取市文化会館の敷地内にあった。細心の安全性に配慮された名取市文化会館は大きな損傷を受けず、震災当時は自家発電の灯りのもとに一三〇〇人の住民が集まり、一時は四〇〇人を超える人が避難生活を送ったという。一年後の三月一一日には三〇〇〇人が参加して慰霊祭が行われた。槇がかねてより懇意にしていたドイツの財団から被災地に寄付をしたいという申し出があり、それが「希望の家」の建設につながったと聞く。

一二月半ば、赤沢は庄子とともに「希望の家」を訪れた。名取市の文化振興財団の人たちと話し、「入口の棚に児童書があれば」といわれ、四〇〇冊ほど届けることを約束する。その後、文化会館で開催されたクリスマスのイベントが終わり、子どもたちがたくさん集まってきたので、おはなし会を開いた。

プレゼントの約束を果たしたのは、クリスマスの翌日、一二月二六日のこと。早朝、赤沢は運転してくれる職員と公民館を発った。盛岡から東北自動車道を南下して、宮城の名取市へ。雪降るなかを走りぬけ、「希望の家」を目指す。四〇〇冊の絵本を待つ子どもたちの笑顔を思い浮かべながら……。

終章　希望するということ

かつて末盛千枝子が手がけた作品のなかに、『オーケストラの105人』というアメリカの絵本がある。それは暮れゆく街の風景から静かに幕をあける。

金曜日の夜です。
そとは　だんだん　暗くなり　そして
だんだん　寒くなってきます。
お家や　アパートに
あかりが　ともりはじめました。

町では
山の手　下町　橋のむこうがわで
105人のひとが
しごとに出かける　したくをしています。

一〇五人のうち、男の人は九二人、女の人は一三人。まずは、シャワーやおふろでからだを洗い、それが終わると、からだを拭いて、下着を着ていく。

男の人は黒いくつ下に、袖の長い白いシャツと黒いズボンを着て、黒い蝶ネクタイをする。女の人たちは黒く長いスカートをはいて、黒いセーターかブラウスを着たり、長いドレスの人もいる。

支度ができたら楽器の入ったケースを持って、家族に「いってきます」と出かける。それぞれタクシーや自分の車、地下鉄やバスに乗り、向かった先は町のまんなかにあるフィルハーモニック・ホールの大きな舞台だ。

舞台の上には、一〇二の椅子と二つのスツールがあり、一〇四人の人が席につく。楽譜の最初のページを開くと、黒い線がたくさんひいてあって、音符が一面に書いてある。

いよいよ指揮者が舞台へ出てきて指揮台にのぼると、何百人というお客さまが手をたたく。指揮者が棒を振り下ろすと、広いホールいっぱいに音楽があふれる。ヴィオラ、ヴァイオリン、チェロ、コントラバス、フルート、クラリネット、トランペット……そして、細い銀のトライアングルから、音楽が歌い、踊るのだった。

このひとたちは
オーケストラの　メンバーです。

シンフォニーを
うつくしく　うつくしく　演奏するのが
みんなの　しごとなのです。

今、末盛が絵本プロジェクトの軌跡をたどるとき、まさにこの「オーケストラ」が奏でる多彩な音色に重なりあう。

震災当日、三月一一日も金曜日だった。その夜、停電で暗闇となった八幡平の家で寒さと恐怖に震えながら、ただならぬ事態が起きたのだとわかる。やがて東北沿岸部を襲った津波の惨状を知らされた。

「子どもたちに絵本を届けたい」という末盛の呼びかけにより、盛岡の中央公民館でプロジェクトが立ち上り、一〇〇人以上のボランティアが集まった。その活動を知った全国の人たちも手をたたき、二三万冊を超える絵本が公民館へ送られてきた。それぞれの形で関わろうとする人々の誠意によって、大きな舞台ができあがる。まさかその「指揮者」になろうとは、本人も予期せぬ人生の変転だった。

「あらゆることが、実に不思議なタイミングでしたね……」

末盛が『オーケストラの１０５人』をつくったのは一九八五年。夫亡き後、再び絵本編集者の道を歩み始めた頃だ。「すえもりブックス」では珠玉の作品を世に出し、皇后様の本を手がける。六十数年にわたる日々を『人生に大切なことはすべて絵本から教わった』に著した後、夫と長男とともに移り住んだ岩手の地。そこで東日本大震災を経験することになった。

「被災地の子どもたちに絵本を届けること、私にできることはそれしかなかった。もちろん一冊絵本をもらったからといって、彼らの人生が劇的に変わるわけではないけれど、少しずつ楽しいこと、希望の種を積みあげていってくれたらいいなと思ったのです」

長年、関わってきたＩＢＢＹのメンバーは、戦渦や貧困にさらされる子どもたちに本を届ける活動をしている。国際理事をつとめた末盛も、レバノンの友人から「怯える子どもたちは膝の上で絵本を読んでもらうときだけ落ち着いている」と聞いていた。

震災直後、世界中の仲間たちが岩手に移り住んだ「チエコ」を心配し、「私たちに何かできることはないか」とメールを送り続けた。彼らに背を押されるように「絵本を送ってください」と呼びかけ、盛岡で「３・11絵本プロジェクトいわて」が立ちあがる。ＩＢＢＹでも正式に支援することが決まり、二〇一一年七月にはＩＢＢＹの会長と理事が盛岡を訪れた。

さらに年末にはＩＢＢＹ理事の松岡希代子から、翌一二年八月に英国ロンドンで開かれる世界大会で報告しないかと声がかかる。病床の夫と長男を抱えるだけに躊躇するが、坂田と赤沢に勧められ、「それも私のつとめなら」と引き受けた。

大会では会期三日目の早朝セッションで話すことになり、「出席者は何人くらい来るだろう」と気にかかる。実行委員長にメールを送り、開会式のときに少しアピールする時間がほしいと頼むと、「五分なら」と返信があった。

開会式のスピーチは英語で書き始め、翻訳家の友人に見てもらう。本番の活動報告は日本語で書いたものを翻訳してもらうことにしたが、どうすれば私たちの想いを伝えられるだろうと悩んだ。そこで耳にしたのが、『花は咲く』の歌だった。

東日本大震災の被災地や被災した人たちの復興を応援するために制作され、NHKが行っている震災支援プロジェクトのテーマソングとして使われていた。作詞は宮城県仙台市出身の岩井俊二、作曲・編曲も仙台市出身の菅野よう子が手がけ、岩手、宮城、福島県の出身やゆかりのある歌手や俳優、スポーツ選手が歌い継いでいく。それぞれに東北への想いをこめて歌う映像が流れたとき、末盛は胸に深く響くものがあったという。

「子どものために何かをするということがどういうことか、あんなにわかりやすく伝えられたことはないでしょう。未来ある子どもたちに〝松明〟を手渡すことの意味がそこに込められていると思ったのです」

「花は咲く」に込められたメッセージ

真っ白な　雪道に　春風香る
わたしは　なつかしい

あの街を　思い出す
叶えたい　夢もあった
変わりたい　自分もいた
今はただ　なつかしい
あの人を　思い出す

誰かの歌が聞こえる
誰かを励ましてる
誰かの笑顔が見える
悲しみの向こう側に

花は　花は　花は咲く
いつか生まれる君に
花は　花は　花は咲く
わたしは何を残しただろう

夜空の　向こうの　朝の気配に
わたしは　なつかしい
あの日々を　思い出す

傷ついて　傷つけて
報われず　泣いたりして
今はただ　愛おしい
あの人を　思い出す

誰かの想いが見える
誰かと結ばれてる
誰かの未来が見える
悲しみの向こう側に……

花は　花は　花は咲く
いつか生まれる君に
花は　花は　花は咲く

いつか恋する君のために

作詞を手がけた岩井は、「この歌は震災で亡くなった方の目線でつくりました」と語っている。末盛はその歌を聴きながら、さらに普遍的なメッセージも感じていた。

「世界の各地でさまざまなことが起こり、かけがえのない命が失われている。それでも希望するということ、本当に何も見えないようなときでもなお希望をもち続けることはどういうことか。それは絵本にも共通し、自分たちがやっていることに言葉が与えられたような感動があったのです」

被災地では多くの絵本も失われた。子どもたちに絵本を届けることで、希望を取り戻してもらいたい。そんな願いから始めた活動は、全国の人たちの心も動かした。

わが家の六歳と一歳の息子も絵本が大好きです。少しでも絵本で笑顔が取り戻せますように

……心からお祈りしています

ぼくたちがよんでいたほんです。よんでげんきをだしてください

そうしたメッセージが、送られてきた絵本に添えられている。

「日本中の人がこんなに絵本に希望を託しているとは、私も信じられなかった。想像をはるかに越えていたのです」

末盛自身も絵本に何度か救われてきた経験がある。四二歳で夫に先立たれ、女手ひとつで二人の息子を育ててきた。どんなに辛いことがあっても前向きに生きる自分でありたいと、読んだ絵本の記憶を心の支えにしてきた。

「絵本はやはり希望を与えるものだと思うのです。どんなに悲しいお話であっても、最後には希望が見えるものだから」

ロンドンで開かれる大会でも、世界の人々に伝えたかったのは「絵本にはたくさんの希望が込められている」ということ。そのためには「花は咲く」を聴いてほしいと考え、末盛はさっそくＮＨＫの知人に問い合わせた。その人は、亡き夫の末盛憲彦のもとでアシスタントをしていた女性で、今はＮＨＫエデュケーショナルの重役になっていた。彼女に、「この曲を使いたいので許可してもらえるだろうか」と聞くと、すぐに「花は咲く」の担当プロデューサーに引き合わせてくれ、「花は咲く」の映像に英文のテロップをつける作業も手助けしてもらえることになった。歌詞は宮沢賢治の研究家でもあるロジャー・パルバースが翻訳してくれた。

活動報告の発表は一二分間の枠と決まり、「花は咲く」の映像も流すためには、スピーチを七分でまとめなければならない。末盛は電化製品の量販店でストップウォッチを買い、自宅の二階でこっそり練習を重ねた。八月半ば、中央公民館でロンドン行きの壮行会が開かれ、ボランティアの人たちから温かなエールを贈られる。末盛は次男の春彦夫妻とともに、ロンドンへと旅立った。

絵本には希望がある

二〇一二年八月二三日、美術館や博物館が立ち並ぶサウスケンジントンにあるインペリアルカレッジで、ＩＢＢＹ世界大会が開幕した。世界六六カ国から五一六名がつどい、日本からの参加者は四四名。会期は四日間にわたり、展示ブースでは世界各国の絵本や子どもの本を広めるさまざまな取り組みが紹介された。

メインホールで開会式にのぞむ末盛はさすがに緊張したものの、「チエコ」と呼ばれると、ついに腹を据えて壇上にあがった。ＩＢＢＹの創始者イェラ・レップマンが第二次大戦後のドイツで子どもに本を届ける活動を始めた経緯、戦争で崩壊したレバノンから洪水被害に苦しむベネズエラに至るまで活動が続けられていることを伝え、本による被災地支援の重要性を訴えた。

二五日の朝八時、早朝セッションの会場には二〇〇人近い人たちが集まった。

〈For Children After 3.11：Reports from Japan（3・11後の子どもたち～日本からの報告）〉

最初にＪＢＢＹ会長が被災地全体の状況を報告し、福島県南相馬市で本を届ける活動をする女性が続く。三人目が末盛だった。

「私は東日本大震災で被災した子どもたちと絵本との関わりを見つめてきました……」

ステージのスクリーンには津波による岩手県沿岸部の惨状が映され、末盛は山田町で出会った僧侶のこと、陸前高田市の体育館を訪れたときの痛ましい光景を語った。さらに公民館で作業するボランティアの女性たち、「えほんカー」を製作してくれた工場の男性たち、大船渡市の保育所へ絵本を届けたときの子どもの笑顔……と、活動の様子が流れていく。絵本サロンで、赤鼻のクラウンに扮したスタッフが陽気にもてなす姿もあった。

末盛はこうした活動を通して出会った人たちを振り返り、スピーチを結んだ。

「小さな男の子が津波でなくしてしまったお気に入りの絵本をずっと探していました。ようやく見つけたとき、本当に嬉しそうに抱きしめて帰って行きました。彼は昔の楽しい思い出を探していたのでしょう。

津波に限らず、世界ではさまざまな理由で辛い思いをしている子どもたちが大勢います。だから、絵本に希望を見出すことを続けていってほしいのです」

スクリーンには鮮やかな黄色の花が浮かび、「Flowers will bloom（花は咲く）」の曲が流れた。一人一人、一輪の花を胸に歌い継いでいく映像に魅入られる聴衆。幕が降りるや、満場の拍手に沸いた。

ステージから降りた末盛は、次々に仲間たちに抱きしめられる。それまで挨拶するだけだった人たちにも親しみのこもる言葉をかけられ、涙ぐむ人たちも多かった。

「大勢の人が協力し、たくさんの本を被災地の子どもたちに届けたことはすばらしい」

「絵本は子どもたちに希望を与えてくれることがわかりました」

スピーチへの反響は大きく、後にスイスの友人であるリーナ・マイセンはＪＢＢＹの会報誌にこう綴っていた。


私の机には、地震の三週間後に千枝子が訪れた被災地、山田町の写真があります。この写真には、学校や図書館があったはずの廃墟の町と瓦礫が続く岩手の海岸線を歩き、亡くなった方々のために祈り続ける若い僧侶の姿が映っています。これは、私にとってとても大切な写真です。この悲劇を乗り越えるためには、精神的な強さと、そして困難を克服するためのユーモアも必要です。今大会で、震災後、千枝子をはじめ他の多くの人々が、被災地支援に取り組んだ、その決意を知る機会を得たことに感謝します。


末盛にとっても、ロンドンの大会でスピーチしたことは「人生の総決算」だったという。それまで絵本と関わりながら、感じてきたこと、考えてきたことを見つめ直す。

「子どもの本というだけではなく、次の世代のために何かをしなければという思いも湧いてきたのです」

あなたを忘れない

八幡平の家からは、岩手山を見晴らせる。居間の窓辺に飾っていたのは小さな牛のぬいぐるみ。それは陸前高田市で被災した市民体育館で見つけたものだった。

震災から一年が経とうとする二〇一二年二月、ヨーロッパで活躍し、ロンドンに在住するヴァイオリニストの服部譲二が来日した。ボランティアの人たちのためにと盛岡を訪れた服部は、もう一人、女性ヴァイオリニストを伴って、もりおか啄木・賢治青春館でミニ・コンサートを催したのである。

岩手での滞在中、末盛は彼らと陸前高田を訪ねた。丘の上に建つ神社の一角に、ＪＢＢＹが関連団体とつくった「にじのライブラリー」という小さな木造の図書館がある。そこで演奏会を開き、地元の人たちも招いて楽しいときを過ごした。その後に訪れたのが津波で被災した市民体育館だった。

海岸から一キロほど離れた体育館は普段から避難所になっており、地震後、八〇人ほど避難したところへ津波が直撃した。逃げる間もなく濁流にまかれ、生存者は三人だけと聞いていた。入口に献花が積まれ、末盛は足を踏み入れていいものかと惑いながらも中へ入った。転倒した車や椅子、瓦礫が散乱し、床は流れ込んだ泥砂におおわれている。ふと足元を見ると、砂の中に半分埋もれたぬいぐるみが目にとまった。

そのまま帰りかけるが、なおも足が止まって、また引き返す。湿った砂の中から、そのぬいぐるみを掘り出した。それは手のひらに入るほどの大きさで、泥にまみれて黒ずんでいる。

「どうしても置いて帰ることはできなかった。幼い子はお気に入りの小さなものをいつでも握っているでしょう。体育館へ逃げ込んだときも、それを握ったまま亡くなったのだろうと不憫だったのです。いつか家族のもとへ返せるかもしれないから、それまで大切にしよう。そんな思いで拾いあげ、家へ持ち帰りました」

しばらくはハンカチに包んだまま皿の上に載せていた。あまりに痛ましく、開けることもできなかったのだ。数週間後、ようやくハンカチから出して砂を払ったが、どんなに払ってもまた砂が出てくるので、その砂も捨てられずに取っておいた。洗面器にぬるま湯と洗剤を入れて、ぬいぐるみを洗ったが、いくらでも砂が出てくる。何度も洗い続けると、灰色だったぬいぐるみがきれいになっていく。首に鳴子鈴をつけた、ピンクとブルーの牛だった。

そんな思い出のある体育館が取り壊されるというニュースが流れた。二〇一二年一一月一〇日、陸前高田市で市旧庁舎と市民会館のお別れ式が行われ、市の職員や遺族が三〇〇人ほど参列した。その後、他の被災施設も解体されることが新聞で報じられた。だが、後に地元の知人から聞いたのは、その頃、解体した建物から幾体もの遺体が見つかったという話。それは県内の新聞でも報じられることはなく、遺族の無念さが偲ばれた。

そうした気持ちは置き去りにされたまま、復興の名のもとに物事だけが進んでいってしまうのではないか。それは震災のみならず、不遇な事態が報じられる度に思い到ることでもあった。「この土地にいる者として、陸前高田のことを聞いたときは胸の震えが止まらなかった。それがあればこそ、よその人たちの悲しみも忘れないでいたいと思うのです」

絵本プロジェクトの活動を続けてきたのは、被災地のことを忘れてはならないという意志もあった。絵本サロンを始めたのも、いずれは各地にそうした場所ができればと考えたこと。そして、そのサロンは行き場のない子どもたちがつどえる場になれば……と。「あなたたちのことを忘れてはいません」というメッセージでもある。

「ボランティアの人たちはプロジェクトに参加することでつながりあい、私も思いがけないほどたくさんの人たちと知り合いになれた。それも不思議なめぐり合わせなのですね」

中央公民館の坂田裕一と赤沢千鶴に出会ったことで、活動の拠点ができ、次男の春彦も加わってプロジェクトが立ち上る。その活動を支えたのは、絵本や子どもをこよなく愛する人たちだ。岩手で始まった取り組みを全国へ発信してくれたマスコミ関係者の協力も大きかった。

さらに「花は咲く」の制作者につなげてくれた女性は、かつて末盛憲彦の仕事仲間だった人。そもそも岩手へ移り住んだのは父・舟越保武の郷里であり、自分のルーツにつながる地であったこと。今、この地に在るのは、亡き人たちの想いにも導かれたような気がしていた。

「最初はここまで大それたことをしようと思って立ち上げたわけではないけれど、『はい、ここまでで終わりよ』とは言いたくなかった。絵本サロンの活動は独り立ちし、それぞれの地で『えほんカー』や文庫も新しい形で動いていくでしょう。その先にまた、きっと何かすることが出てくると思うのです」

ロンドン大会の後、一一月にはＩＢＢＹのレザ会長からマレーシアに招かれて、ブック・フェスティバルで講演することになった。会場には現地で子どもの本に関わる人たちが集まり、黒づくめのイスラムの女性たちやアジアの艶やかな民族衣装を着る人たちもいる。末盛はプロジェクトの活動を報告すると、『花は咲く』の映像も流した。

聴衆の中にはフランス人と結婚している日本の女性が二人いて、「初めて震災の話を直接聴けた」と感激している。その一人は、末盛が手がけたゴフスタインの『『ピアノ調律師』と『ゴールディーのお人形』が大好きです」という女性だった。

マレーシアの首都クアラルンプールには高層ビル群が林立し、スラム街も混在している。帰りの空港で出発便を待つ間、ロビーで隣あわせた若い女の子に「どこへ行くのですか？」と聞かれた。末盛が答えると、その子はマッサージ師をしており、「今までバリ島で働いていて、これから乗り継いでイスタンブールへ仕事に行くけれど、本当に心細くて。ここにいれば家族がいるのに……」と泣きながら話す。ずっと話を聞いていた末盛は「良いことがあるといいね」と励ますと、そっと肩を抱きしめて彼女と別れたのだった。

絵本に託された思い

新しい年になって、あの震災から、もうじき二年になろうとしています。絵本プロジェクトには昨年も、思いがけないような発展がたくさんあり……

二〇一三年一月が明けると、末盛はプロジェクトのブログを更新した。

前年八月、ロンドンで開かれたＩＢＢＹの大会で絵本プロジェクトの報告をしたときのこと。一二月にはＩＢＢＹの会長らが公民館を訪問し、絵本サロンに参加して活動を視察したことが綴られている。

一月末までに開梱されたものは二三万二〇六九冊。被災地へ届けた絵本は、二七五カ所で一〇万二四〇冊にのぼる。公民館の蔵に保管している本は、対象年齢から作家別までさらに細かく整理されていた。

皇后様から贈られた絵本の数々は、絵本サロンで展示されてきた。『龍の子太郎』『三月ひなのつき』と、折々に末盛のもとへ送られてくる絵本。被災地への巡幸も続くなか、天皇陛下の入院が伝えられたときは心痛めたが、陛下が回復された後には三冊の絵本が送られてきた。『おおきなかぶ』『しずかに！　ここはどうぶつのとしょかんです』『わたしとあそんで』……それがまた活動を続ける励みとなった。

「ともすれば震災の記憶が遠くなりかけていくなかで、もうちょっと頑張って続けるようにという激励のエールなのではと思ったのです。『ずっと見守っています』というメッセージが込められているようでした」

三月末に公民館を退職する赤沢も、一〇年は続けたいと事務局を引き継いでくれたことが心強かった。絵本を届ける活動を続けることで被災地の子どもたちとつながっていく。そして、全国から盛岡へ本を送ってくれた人たちには、「あなたの絵本は確かに届いています」とお礼の言葉を伝えたかった。

「子どものため、大人のために震災のことを忘れてほしくないのです。それは震災のみならず、さまざまな場所で深い悲しみや寂しさを抱える人たちにも想いをはせることにつながるはずだから……」

末盛のなかでずっと温めてきた絵本の企画があった。「すえもりブックス」を閉じたことで叶わずにいたが、その本は『人生に大切なことはすべて絵本から教わった』を編集した前田礼のもとで新たに刊行された。M・B・ゴフスタインの『あなたのひとり旅』。それは、長い歳月を連れ添った老夫婦の死別の悲しみと思い出の美しさを歌ったカントリーソング「Your Lone Journey」に寄せて描かれた「大人のための絵本」だ。愛する人を亡くした人、深い悲しみの中にいるすべての人たちに捧げられた作品で、ゴフスタインの翻訳を手がけてきた谷川俊太郎によって訳された。

何年も何年も幸せだったふたり――二人には楽しい思い出もたくさんあったが、ついに一人が旅立ち、もう一人が残されるときが来た。それでもなお、愛は死によっても失われることはなく、この世での寂しさはいっときのもの、と伝えている。

末盛は十数年前に『あなたのひとり旅』と出会い、夫の古田暁に「良い本だから」と勧められて版権を取っていた。その刊行に続き、「すえもりブックス」で手がけたゴフスタインらの名作が順次復刊されることになったのである。

「自分のなかでは、いつも何か大きなことに関わるときは、〝神さまがそれをお望みなら道はひらけるだろう〟と思っています。がむしゃらに動くことはしないけれど、不思議と自然に道がひらけていくような気がするのです」

岩手へ移り住んだことで、家族の日々も穏やかに流れている。老いゆく夫と過ごすときにかけがえのない幸せを感じ、長男の武彦とゆっくり向き合う時間も生まれた。武彦もまた、坂田と赤沢の提案によって絵本プロジェクトで一役を担うことになり、ホームページを更新してくれるのだった。

「夜がふけて、二時半、三時と過ぎていくと、岩手山のほうは真っ暗でも、東の山がほんのり少し赤くなる。まだ朝日は見えないけれど、空が少しずつ明るくなっていくのを眺めていると、〝希望〟とはそういうものかもしれないと思うのです……」

いつしか居間の時計は一二時をまわり、末盛もほっと息をつく。窓から外を眺めると、闇夜に小さな星がまたたいていた。家族が寝静まった夜ふけ、末盛は一人、懐かしい絵本を眺める。岩手へ移り住んで迎える三度目の春。待ちこがれる思いで手にした一冊の本は、『はなをくんくん』。あの『オーケストラの105人』を描いたマーク・サイモントが手がけた絵本だった。

ゆきがふってるよ。
のねずみが　ねむってるよ、

雪ふる野原の下では野ねずみや熊が眠り、りすは木の洞で、やまねずみは地面の中で眠っている。そんな動物たちが目をさますと、鼻をくんくんさせて、野原をかけていく。やがてぴたりと止まると、笑ったり、踊ったり。嬉しそうに叫び出す。

ゆきのなかに　おはながひとつ　さいてるぞ！

そこには小さな黄色い花が咲いていた。

「3・11絵本プロジェクトいわて」の物語は、まだ終わらない。
雪におおわれた岩手の地にも、まもなく春が訪れる。そこに蒔く〝希望〟の種から出た芽がすくすくと育まれ、小さな花が咲くまでは――。

BolognaFiere

あとがき

ゴフスタインの『作家』に出会ったのは、二〇代の初め。出版社で編集の仕事に就いたものの、子どもの頃から〝本を書く人になりたい〟と願っていた私のなかでは、少しずつ惑いが芽生えていた。そんなとき、作家とはなんであるか、を淡々と教えてくれたのがこの絵本だった。

それから二十数年、子育てのときを経て、どうにか本を書く道を歩み続けるなかで、「末盛千枝子」という絵本編集者を知った。『作家』『オーケストラの105人』『ピアノ調律師』……と、ずっと大切にしてきた絵本を手がけた人なのだと。二〇一〇年の春、『人生に大切なことはすべて絵本から教わった』を読んで、すぐ末盛さんのもとを訪ねた。半年ほど取材を続け、秋には八幡平のご自宅へ伺った。その晩泊めていただくと、明け方、まさに金色のベールに包まれて目覚める。岩手山の東方からのぼる太陽の光が窓いっぱいに差し込んでいた。

そして、翌年三月一一日の東日本大震災。数日後、末盛さんと電話がつながり、「暖炉があるから、なんとか大丈夫」と穏やかな声にホッとする。それでも雪におおわれた生活を案じていると、まもなく、〈絵本を送ってください〉という呼びかけのメールが届いたのである。

私が岩手を訪れたのは六月半ば。陸前高田で被災した県立高田病院の院長を取材したときだ。震災直後、患者を屋上へ避難させて、一夜を明かし、翌日から避難所で診療再開に尽力した院長は、自宅を流され、伴侶も亡くされた。一人で暮らす仮設住宅の軒先には鉢植えが並び、亡き妻と育てていたというバラが一輪、鮮やかな真紅の花を咲かせていた。

帰り際、津波で壊滅した街へ足を延ばすと、流出した家屋の瓦礫が山積みとなり、陥没したところは汚泥で埋もれている。病院の建物は残っていたが、ガラス窓や壁は崩れ落ち、松の巨木が突き刺さる光景は凄惨だった。その夜、盛岡へ戻った私は、ホテルの部屋で一人、突然に胸が詰まって涙が止まらなくなる。どうにも堪えきれず、末盛さんに電話した。

翌日、末盛さんと中央公民館を訪ねると、すでに作業は終わって静まり返っていたが、丁寧に仕分けされた本には手の温もりが残っているようだった。赤沢さんからボランティアの人たちの熱意を聞くほどに、自分も励まされる思いがした。それから被災地でボランティア活動をしたり、宮古市から大槌町、陸前高田市と、三陸沿岸へ取材に通い続ける。〝私に伝えられることは何だろう〟と、たえず自分に問いかけながら……。そのなかで絵本プロジェクトの記録集をまとめないかと声をかけていただいた。

幼い頃から、私も童話の世界で遊ぶのが好きだった。生まれ育った新潟の小さな町には書店がなく、父が仕事で出張したときのお土産やクリスマスプレゼントはいつも本と決まっていた。海があり、山を見晴らすのどかな地で過ごし、波の彼方に南の島を思い浮かべたり、雪深い森で妖精を探したり。一冊の本が、夢や希望を与えてくれたのである。

絵本プロジェクトの活動も、そうした絵本の力を信じる人たちの手で支えられている。その言葉に耳を傾け、私もプロジェクトが歩んできた日々をたどった。取材の最中は冷静に努めていたが、一人机に向かって録音テープを聞き起こしていると、思わず涙がこみあげてくる。現地の子どもたちの姿、愛する郷里や友人を亡くした無念……その度に三陸沿岸で見た光景がよみがえり、また胸が苦しくなる。力足らずな自分がふがいなくも、ただ〝この人たちの心の声を伝えたい〟という一念で書き綴った。

末盛千枝子さん、坂田裕一さん、赤沢千鶴さん、末盛春彦さんをはじめ、ボランティアの方々、取材でお世話になった方々にお礼を申しあげたい。そして、現代企画室の前田礼さん、江口奈緒さんには、温かな励ましの声と笑顔で見守っていただいた。

ゴフスタインが描く女性の作家は、自分の本にこんな思いを託す。

〈いつか人々の心に種子となって　蒔かれることを願っている〉

この本を手にしてくださった人たちにも、その心に小さな希望の花が咲くことを願ってやまない。

二〇一三年二月一四日　歌代幸子

あの日からの時間

我が家の柱時計は、あの日のあの時間で止まったままになっています。修理してもらえば直ると思うし、あの時計の優しい音も好きだったのですが、なんだかそれでは、申し訳ないような気がして、そのままになっているのです。きっとそのうちに、気がすんで、やっぱりもう一度あの音が聞きたいと思う時がくるに違いない、その時まで、そのままにしておこうと思っているのです。

人は、大変な悲しみに出会った時、その気持ちをすぐに片付けてしまうことができるのでしょうか。私は、そうではないと思います。充分に悲しんだ人に、やっと希望が、しかも、少しずつ希望が見えてきて、やがて、気がつくと立ち上がっているのではないのだろうか。希望するとは、そういうことなのではないかと思うのです。

そして、人の悲しみはどんなことによって克服されていくのだろうか。私は、それは、結局は悲しみに満ちた運命を受け入れることによってしか克服されないのだと思うのです。でも、それには時間がかかります。みんな違った運命を与えられていて、それぞれの荷を負って、自分をいとおしみ、それでも人を愛し、平和を願って生きていく。そして、これは、どれも想像力を働かせなければできないのだと思います。

一瞬手をはなしたスキに、大切にしていた風船を空へ飛ばしてしまった女の子がいました。泣きながら、いくら追いかけても、どんどん逃げていってしまいます。そして、ついには見えなくなってしまいました。ところが、いつの間にか空は素晴らしく美しい夕焼けになりました。でも、やがて夕焼けは黒ずんでしまって、もうあの美しい夕焼けはありません。そのかわり、空に美しい一番星が出て、まわりに他の星も出てきて、ついには、美しい三日月が夜空を彩り、空は一面の宝石箱のようになりました。宝物は、かたちを変えて、空にあったのです。

私は二〇年近く前にこの『そらに』という絵本をつくったのですが、いま、この本を手に取ると、不思議な感慨を覚えます。あの時考えた、希望について、なんの訂正も必要としないことをありがたいと思います。私はいつまでも、風船をなくしたあの女の子の悲しみに寄り添って生きていきたいと思っています。

そこには、震災によって与えられた「3・11絵本プロジェクトいわて」の仲間たちが、空にある宝物のように、いつも光っています。

二〇一三年二月二二日　末盛千枝子

本書のなかで引用された文章の出典

本文に記された引用・参照文献の書誌データを、章ごとに掲載しています。

第1章　二三・二四頁　『子どもの本は世界の架け橋』イェラ・レップマン著、森本真実訳、こぐま社、二〇〇二年

第2章　四六・四八頁　「銀河鉄道の夜」宮沢賢治、『新修　宮沢賢治全集　第十二巻』筑摩書房、一九八〇年

第3章　五七・五八頁　『人生に大切なことはすべて絵本から教わった』末盛千枝子著、現代企画室、二〇一〇年

第5章　九八・九九頁　『わたし』谷川俊太郎詩、長新太絵、福音館書店、一九八一年

第7章　一三三頁　『いのちのまつり「ヌチヌグスージ」』草場一寿文、平安座資尚絵、サンマーク出版、二〇〇四年

第8章　一四一・一四二頁　『THE ANIMALS「どうぶつたち」』まど・みちお詩、美智子選・訳、すえもりブックス、一九九二年

一四六—一四八頁　『橋をかける　子供時代の読書の思い出』美智子著、すえもりブックス、一九九八年

終章　一八八—一九〇頁　『オーケストラの105人』カーラ・カスキン文、マーク・サイモント絵、すえもりブックス、一九九五年

一九二—一九五頁　NHK「明日へ」東日本大震災復興支援ソング「花は咲く」岩井俊二作詩　菅野よう子作・編曲、花は咲くプロジェクト歌、二〇一二年
（日本音楽著作権協会（出）許諾第1302166-301）

二〇七頁　『はなをくんくん』ルース・クラウス文、マーク・シーモント絵、木下始訳、福音館書店、一九六七年

あとがき　二一一頁　『作家』M・B・ゴフスタイン作、谷川俊太郎訳、ジー・シー・プレス、一九八六年

PROJECT REPORT

プロジェクトレポート

3.11

絵本プロジェクト

いわて

Books for Children

活動の展開と記録

Number of Ehon Delivered

■ 岩手県内へのお届け

10,000冊〜

5,000冊〜

1,000冊〜

100冊〜

〜100冊

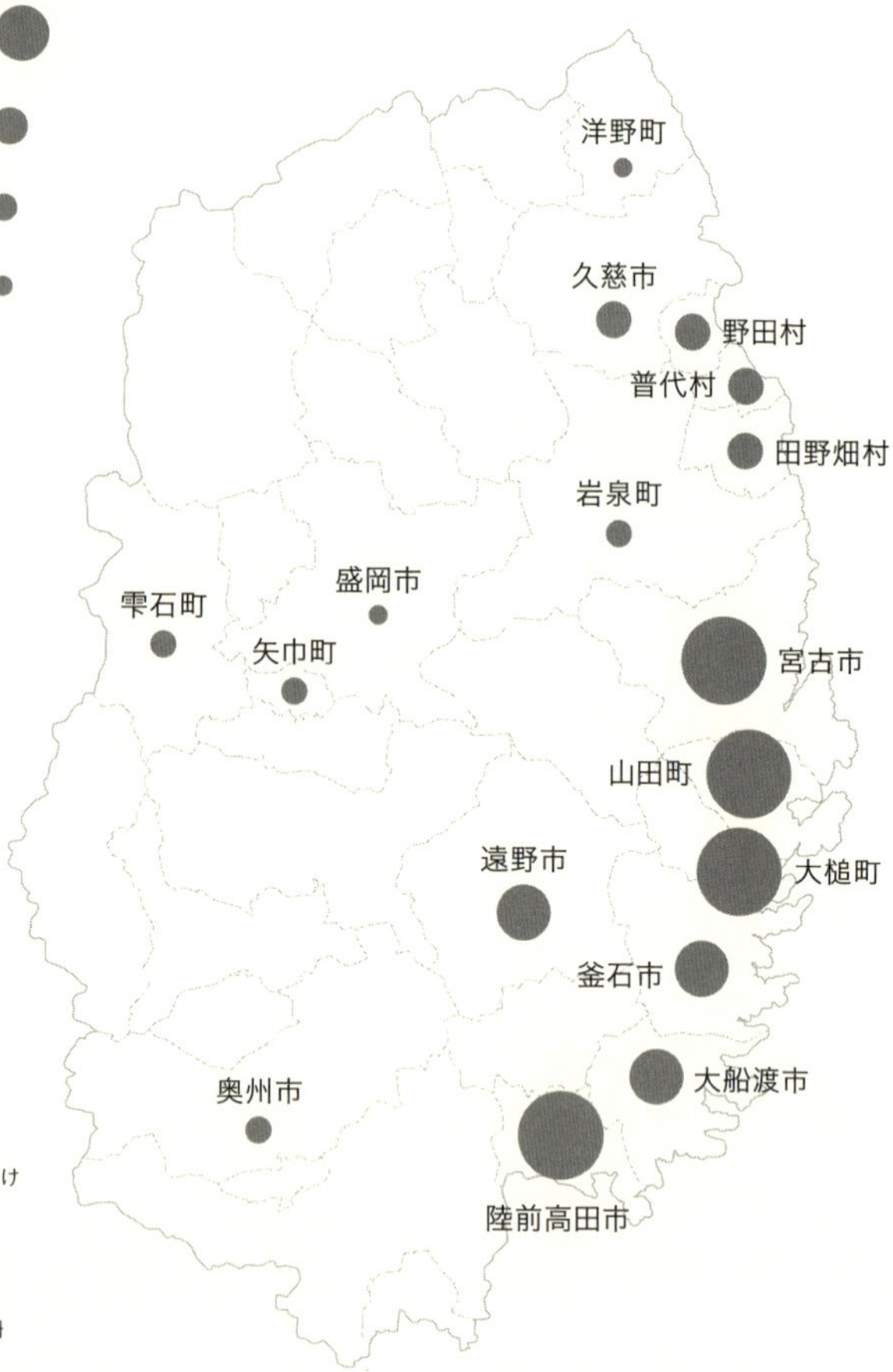

■ 岩手県外へのお届け

青森県

八戸市…… 670冊

宮城県

気仙沼市… 1,100冊

石巻市…… 700冊

名取市…… 400冊

柴田町…… 250冊

日付	場所	絵本
	岩泉町	240冊
11.6.27	小本保育園	
11.7.28	小本仮設住宅集会所	
	宮古市	22,150冊
11.4.4	赤前保育園	
11.4.4	重茂児童館	
11.4.4	赤前小学校	
11.4.4	宮古保育園	
11.4.14	山口小学校図書ボランティア・フラワーズ	
11.4.14	ぞうさんのミミ（宮古市立図書館）	
11.4.14	磯鶏地区須賀原さん（宮古市議）	
11.4.19	宮古小学校避難所	
11.5.30	赤前小学校	
11.5.30	赤前保育園	
11.5.30	重茂小学校・千鶏小学校	
11.5.30	重茂保育園児童館	
11.5.30	鍬が崎小学校	
11.6.22	津軽石小学校	
11.7.4	さゆり幼稚園	
11.7.4	常安寺保育園	
11.8.3	山口小学校	
11.8.3	津軽石保育所	
11.9.6	仮設住宅集会所（28か所）	
11.9.6	ぞうさんのミミ	
11.9.25	宮古市読み聞かせグループ黒田さん	
11.10.31	宮古小学校	
11.10.31	藤原小学校	
11.12.6	子育て支援ボランティア・ポケットの会	
11.12.22	グリンピア田老仮設住宅保育所	
11.12.22	グリンピア田老仮設住宅診療所	
11.12.22	さゆり幼稚園	
12.6.5	ぞうさんのミミ	
12.10.28	ふれあい広場 in たろう	
12.12.5	ぞうさんのミミ	

日付	場所	絵本
	青森県八戸市	670冊
11.4.30	新湊はますか保育園	
11.6.9	浜市川保育園	
	洋野町	100冊
11.7.28	宿戸保育園	
	久慈市	3,550冊
11.8.6	もぐらんぴあ	
11.9.24	県北教育事務所	
12.1.25	久慈湊保育園	
12.6.26	久慈市地区公民館（9館分）	
12.6.26	久慈市立図書館	
12.7.19	久慈市立図書館用	
12.7.19	学校図書館（17校分）	
	野田村	4,270冊
11.5.21	野田保育所	
11.6.23	野田村図書館ボランティア・あぷぷ	
11.7.28	野田村仮設住宅集会所	
11.10.26	仮設住宅集会所（2か所）	
12.4.16	野田村立図書館	
12.9.23	野田村生涯学習センター	
	普代村	1,750冊
11.5.21	ホンダス会	
11.10.26	はまゆり子ども園	
11.10.26	普代小学校	
11.10.26	普代図書室	
11.12.7	普代村教育委員会	
	田野畑村	1,445冊
11.4.7	避難所	
11.5.21	ブックスタート	
11.6.17	田野畑小学校	
11.10.26	仮設住宅集会所（2か所）	

日付	場所	絵本
	釜石市	6,540冊
11.4.20	平田小学校	
11.4.20	双葉小学校	
11.4.20	小佐野小学校	
11.4.30	うのすまい保育園	
11.5.24	甲子小学校	
11.6.2	釜石保育園	
11.9.8	釜石市立小川幼稚園	
11.9.8	釜石市すくすく親子教室	
11.10.18	釜石市教育委員会	
11.10.24	釜石市の仮設住宅	
12.1.31	松倉仮設集会所	
12.9.7	大町子育て支援センター	
12.11.4	読み聞かせのグループ	
	大船渡市	6,410冊
11.4.3	大船渡市綾里地区コミュニティセンター	
11.4.16	綾里保育所	
11.4.16	甫嶺小学校	
11.5.17	猪川保育所	
11.5.17	越喜来保育所	
11.11.1	仮設住宅集会所（17か所）	
11.11.18	海の星幼稚園	
11.12.16	おはなしころりん	
12.2.5	大船渡教会	
12.5.30	大船渡市歯科診療所	
12.9.7	綾里こども園	
12.10.12	吉浜こども園	
12.10.12	越喜来こども園	

日付	場所	絵本
	山田町	15,705冊
12.3.27	山田町立図書館	
12.6.1	山田町立図書館	
11.4.4	山田町第一保育所	
11.4.27	山田町（個人）	
11.5.5	こどもの日イベント（山田八幡宮）	
11.5.24	山田北小学校	
11.5.24	山田南小学校	
11.7.3	関口神社例大祭	
11.7.22	山田町（個人）	
11.7.22	山田幼稚園	
11.7.22	山田第二保育所	
11.9.18	八幡宮例大祭	
11.10.12	山田町図書館用	
11.10.12	仮設住宅集会所28か所	
11.11.18	県立山田病院	
11.12.6	山田町エコハウス	
12.5.5	こどもの日イベント（山田八幡宮）	
12.12.4	山田町（個人）	
	大槌町	18,635冊
11.5.16	大鎚町（個人）	
11.5.24	大念寺	
11.5.24	おさなご幼稚園	
11.8.10	大槌町教育委員会	
11.8.27	大念寺	
11.9.8	大槌町教育委員会	
11.9.8	仮設住宅集会所（27か所）	
11.12.2	吉里吉里小学校	
11.12.11	大槌町エコハウス	
12.3.27	大槌町生涯学習課	
12.6.1	大槌町城山図書館	

日付	場所	絵本
	盛岡市	100冊
11.4.7	愛真館	
	矢巾町	240冊
11.6.6	不来方高校	
	奥州市	150冊
11.4.28	ひめかゆ温泉	
	遠野市	5,000冊
11.6.22	シャンティ国際ボランティア会	
	宮城県気仙沼市	1,100冊
11.9.22	気仙沼市（個人）	
11.11.7	小原木中学校住宅集会所	
12.3.14	松岩保育所	
12.3.14	内の脇保育所	
12.6.15	小原木小学校住宅集会所	
	宮城県石巻市	700冊
11.8.19	橋浦保育園	
11.8.19	吉浜保育園	
11.8.19	相川保育園	
	宮城県名取市	400冊
12.12.26	名取市文化会館希望の家	
	宮城県柴田町	250冊
12.2.2	三名生児童館	
12.2.2	西住児童館	
12.2.2	柴田児童館	
12.2.2	船迫児童館	

※2013年1月現在　合計100,240冊

日付	場所	絵本
	陸前高田市	10,235冊
11.4.17	モビリア（避難所）	
11.4.17	華蔵寺（避難所）	
11.4.18	高田一中避難所	
11.4.21	高田米崎小学童クラブ	
11.4.24	高田保育所	
11.4.24	広田小学校避難所	
11.4.30	長部保育所・今泉保育所	
11.4.30	長部小学校避難所	
11.5.14	気仙小学校	
11.5.17	高田小学校	
11.5.17	小友小・中学校	
11.5.17	高田保育所	
11.5.17	米崎保育園	
11.6.29	高田小学校	
11.6.29	移動図書館車用	
11.9.17	高田保育所	
11.9.17	米崎保育園	
11.9.17	田村ピアノ教室	
1110.14	ふれあい教室	
11.10.14	陸前高田市生涯学習課	
12.2.5	にじのライブラリー	
12.3.18	陸前高田エコハウス	
12.3.18	陸前高田市滝の里仮設集会所	
12.6.13	竹駒小学校読書ボランティア・ささ舟	
12.7.2	小友保育所	
12.9.5	竹駒小学校読書ボランティア・ささ舟	
12.11.6	竹駒小学校読書ボランティア・ささ舟	
12.12.4	竹駒小学校読書ボランティア・ささ舟	
	雫石町	600冊
11.4.7	加賀助	
11.4.7	長栄館	
11.4.7	ホテル森の風	
11.4.7	雫石プリンスホテル	

活動の軌跡

Reaching Out with Ehon

2011

3.11 …… 14：46 東日本大震災

3.19 …… 末盛千枝子より最初のメールが送信される

3.23 …… 深夜、赤沢と坂田がボランティアコーディネーターの石井、
参画プランニングいわての平賀と打田内、岩手日報の志田らと協議

3.24 …… 「3.11 絵本プロジェクいわて」発足

3.27 …… 被災地を視察、宮古市〜釜石市へ（末盛春彦、坂田、赤沢、ほか）

3.28 …… 日経新聞の夕刊に活動が紹介される

3.30 …… 絵本が届き始める（初日だけで 226 箱、7,154 冊届く）

3.31 …… 絵本の仕分け作業開始（年齢別に分類）／ホームページ開設

4.2 ……… 大量の絵本が届き、荷解きが追いつかず（1,000 箱、32,229 冊）

4.4 ……… 被災地に絵本を届け始める（宮古市、山田町）

4.9 ……… 「えほんカー」製作決定

4.11 …… 「平成 23 年度 年賀寄附金」助成金、申請手続き開始

4.14 …… 宮古市の読み聞かせボランティア（3 グループ）に絵本を届ける／
この日より舞台会社アクト・ディヴァイス車両での運搬協力開始

5.5 ……… 山田町で行われたこどもの日のイベントに参加（山田八幡宮）

5.6 ……… 5 月中旬で絵本の受け入れを終了することに決定

5.10 …… 絵本を送ってくれた方へお礼状を発送（〜 4 月 26 日着分 2,085 通）

5.18 …… 34 日間でボランティア参加人数が延べ 1,000 人を超える

5.21 …… 「えほんカー」1 号車が完成

5.28 …… NPO 法人いわてアートサポートセンターを通して申請していた
「年賀寄附金」助成金決定の通知が届く（えほんカー 5 台分）

6.4 ……… 仕分けた絵本を北厨川小学校の空き教室へ一時保管させてもらう

6.22 …… 開梱済みの絵本が 20 万冊を超える（5,327 件、201,038 冊）

6.29 …… 開梱済みの絵本を作者五十音順に並べ始める

6.30 …… 山田町関口神社例大祭に参加（静岡市から市民クラウンも参加）

7.4 ……… IBBY 会長とともに宮古市の幼稚園へ絵本を届ける

8.6 ……… 79 日間でボランティア参加人数が延べ 2,000 人を超える

8.7 ……… 「えほんカー」2 号車〜 6 号車が完成

8.10 …… 大槌町へえほんカーを寄贈

9.6 ……… 宮古市のボランティアグループ「ぞうさんのミミ」へえほんカーを寄贈

9.18 …… 山田町復興秋祭りに静岡市の市民クラウン、人形劇（劇団銅鑼）とともに参加

9.24 …… 開梱済みの絵本が23万冊を超え、ボランティア参加人数も103日間で延べ2,402人となる

10.9 …… 東京の代官山で開催された「猿楽祭」に参加（～10月10日）

10.18 …… 釜石市にえほんカーを寄贈

12.7 …… 普代村へえほんカーを寄贈

12.16 …… 大船渡市のボランティアグループ「おはなしころりん」へえほんカーを寄贈

2012

1.13 …… 保管場所となっていた中央公民館内の郷土資料展示室より絵本を完全撤去

2.5 ……… ヴァイオリン奏者の服部譲二氏らとともに陸前高田の「にじのライブラリー」を訪問

2.6 ……… ボランティアスタッフがブックコーティング講習会に参加

2.7 ……… 148日間でボランティア参加人数が延べ3,000人を超える

3.7 ………「絵本サロン」プロジェクトがスタート

3.11 …… 東日本大震災より1年。盛岡市の復興支援イベント（岩手県公会堂）で
ロジャー・パルバース氏の講演を聞く（支援紹介ビデオに絵本プロジェクトも）

3.30 ……「絵本サロン」に向けて、各月のテーマやイベントのリーダーを決定

5.2 ……… プレ「絵本サロン」開催（～5月3日）

5.5 ……… 山田町で行われたこどもの日のイベントに参加（山田八幡宮）

6.8 ……… 宮古市に「ぞうさんのミミ」文庫オープン（絵本サロンプロジェクト支援第一号）

8.1 ……… 活動開始から200日でボランティア参加人数が延べ3,823人となる

8.23 …… IBBYロンドン大会へ参加（～8月26日）

8.29 …… NHK BS1の「ワールドWaveトゥナイト」でIBBYロンドン大会での報告の様子が放送される

9.12 …… 211日間でボランティア参加人数が4,000人を超える

9.23 …… 野田村生涯学習センターにて「出張絵本サロン」を開催

10.7 …… 東京の代官山にて「猿楽祭」に参加、「出張絵本サロン」を開催（～10月8日）

10.28 …… 宮古市田老町で開催された「ふれあい広場 in たろう」に参加

11.2 …… 末盛千枝子がマレーシアにて「3.11絵本プロジェクトいわて」の活動について講演

12.4 …… 絵本による支援を促したIBBY関係者らが盛岡市を訪れ、活動を激励

2013

3.8 ………「絵本プロジェクトが贈る絵本原画展」が中央公民館で開催

活動参加者・協力者

浅野結／阿部裕子／阿部由美子／新井順一／パトリシア アルダナ／五十嵐裕子／石井布紀子／井口創／
井口花子／池田和子／池田克典／石井啓文／泉水将吾／一田量／井上百合子／岩渕忠徳／植田紗生／
上村あつ子／打田内裕子／内村郁美／梅原眞紀／遠藤明子／遠藤アサ／遠藤祥穂／及川玲／大槻洋子／
大野俊太郎／大村洋子／大森響生／大森健一／小笠原由美子／小川教子／小川博正／岡庭慎二／長内努／
小野家裕子／小野寺紀江／小山田ゆう／小山田優輔／柏紀子／金沢陽介／川畑安彦／川守田栄美子／
川守田路子／菅健太郎／菅野健一／菅野航洋／菊池安佐子／木下敏子／桐野正子／金今祐希／工藤郁子／
久保田直子／熊谷亜矢／久米麗／倉成桃子／倉成力松／呉天明／小室好司／小綿久徳／近藤進／昆野良美／
齋藤尋美／坂田真理子／佐々木愛美／佐々木久美子／佐々木晶／佐々木壮平／佐々木範子／佐々木ひとみ／
佐々木満／佐々木美由紀／佐々木優子／佐々木和香子／笹川憲一／佐藤昭菜／佐藤郁夫／佐藤はるか／
佐藤真／佐藤めぐみ／佐藤麗以奈／佐野晴香／佐野佑季／澤口杜志／澤口理子／澤口若子／澤田綾香／
澤目郁子／三戸淳一／三戸孝子／柴田理恵／渋谷小春／渋谷典子／渋谷みずき／渋谷明子／島多代／
庄子陽子／末盛桜子／末盛武彦／菅原隆子／鈴木博充／鈴木俊一／鈴木麻里／鈴木涼良／砂子田敏子／
住吉谷文子／住吉谷優奈／住吉谷瞭歩／関山幸子／関山朋子／外舘邦博／高手祐弥／高橋公子／高橋京／
高橋剛／高橋琢／高橋紀子／高橋好子／滝田瑛子／竹村卓／田島晃子／田島祥子／田中弘子／田畑英子／
田村一恵／田村祐子／太郎良雄馬／千田里佳／千葉美菜子／塚越雅之／鶴町梨紗／土井尻淑子／遠山祥子／
外舘邦博／富岡あき子／富岡俊行／豊間根恵美子／鳥谷部貴絵／永井志穂／長江美子／中島正雄／中島幸子／
中條いずみ／永瀬英一／中田円／長野真一／中野拓海／中野匡子／中村信子／名古屋理恵／沼崎聡子／
沼崎基子／沼田純子／野坂純子／野作剛／萩原大吉／長谷川邦子／早坂ヒロ子／林元子／樋口麻衣子／
平賀圭子／平船直美／平山豪／廣田駿世／廣田千夏子／廣田伶／福士春悦／福島史子／フグラー 美和子／
フグラー ヨシ／藤井恵子／藤沢扶紗江／藤澤陽子／藤村由美／藤原悦子／藤原光子／藤安和子／
リズ ページ／細屋満実／本田敬子／リーナ マイセン／眞島大地／町田佐知子／町田哲樹／町田りん／松浦伴子／
松政尚子／松田道子／松本英子／松本絵美／松本祥子／丸山ちはや／丸山風音／三上淳子／道又力／
光野純子／湊みゆき／宮手一樹／村松知宣／村山みゆき／盛合直人／森子弘子／八木融子／矢島辰朗／
矢島真知子／柳谷喜美子／山岡晶子／大和幸子／山本加奈子／吉田祐子／吉野佳代子／リン リッグス／
和田幸子／和田爽平／渡邊真樹子／渡部ミヲ／和山好子（50音順）

皇后陛下美智子さま

株式会社アクト・ディヴァイス／株式会社平金商店／株式会社竹内ボデー工場／株式会社林田製作所／
川嶋印刷株式会社／クラブヒルサイド／劇団銅鑼／大道芸ワールドカップ実行委員会／
特定非営利活動法人青森県男女共同参画研究所／特定非営利活動法人参画プラネット／杜陵高速印刷株式会社／
盛岡市中央公民館の職員たち／IBBY（国際児童図書評議会）／JBBY（日本国際児童図書評議会）

3.11 絵本プロジェクトいわて構成団体
盛岡市中央公民館／特定非営利活動法人いわてアートサポートセンター／
特定非営利活動法人参画プランニングいわて／盛岡市婦人ボランティア野の花会／盛岡教育事務所

3.11 絵本プロジェクトいわて発起人
末盛千枝子／赤沢千鶴／坂田裕一／末盛春彦

お礼

ここには、協力者として、

ほんの一握りの方たちのお名前を記すことしかできませんでした。

日本中から、本当にたくさんの方たちのご協力をいただきました。

本を送ってくださった方たち、支援金を送ってくださった方たち、

えほんカーを買えるようにお金を集めて下さった方たち、

寒い冬のためにと心を込めて編み物をして送ってくださった方たち、

支援金を送るために定期的にバザーを開いてくださった方たち。

その何千という、お一人お一人がいらっしゃらなければ、

この活動は成り立ちませんでした。

そのことを肝に銘じ、心から感謝申し上げます。

ここにその全てのお名前を記すことができないことは、

断腸の思いですが、どうぞお許し下さい。

みなさまのお気持ちは確かに被災地の子どもたちのもとに届けました。

3.11 絵本プロジェクトいわて

www.ehonproject.org/iwate/

歌代幸子

うたしろゆきこ

ノンフィクションライター

1964年新潟県生まれ。学習院大学文学部卒業後、出版社で女性誌などの編集者を経て、独立。人物ルポルタージュを主に、スポーツ、教育、事件取材等を手がける。『アエラ』の「現代の肖像」で「末盛千枝子」を執筆。著書に『私は走る―女子マラソンに賭けた夢』『音羽「お受験」殺人』『精子提供　父親を知らない子どもたち』(いずれも新潮社)など。

一冊の本をあなたに

3.11絵本プロジェクトいわての物語

2013年3月17日　初版第一刷

定価　1800円+税

著者　歌代幸子

監修　3.11絵本プロジェクトいわて

編集　末盛千枝子

絵　舟越 桂

装丁　井口 創

発行　現代企画室

東京都渋谷区桜丘町15-8 高木ビル204

Tel. 03-3461-5082　Fax. 03-3461-5083

http://www.jca.apc.org/gendai/

印刷　杜陵高速印刷株式会社

日本音楽著作権協会(出)許諾第1302166-301

ISBN 978-4-7738-1302-9 C0070 Y1800E

SUEMORI CHIEKO BOOKS

末盛千枝子ブックス